Schnitt der Obstgehölze

von Professor Dr. F. Hilkenbäumer

Direktor des Instituts

für Obstbau und Gemüsebau

der Universität Bonn

mit Zeichnungen von Hans Preuße

VERLAG J. NEUMANN-NEUDAMM

MELSUNGEN — BASEL — WIEN

Inhalt

VORAUSSETZUNGEN FÜR DEN SCHNITT
Seite

Grundlagen
Zonen natürlicher Trieb- und Fruchtbildung im allgemeinen ... 5
Durch Schnitt beeinflußte Zonen im allgemeinen 8
Zonen natürlicher Fruchtholzbildung bei bestimmten Sorten .. 10
Durch Schnitt beeinflußte Fruchtholzbildung bei bestimmten
Sorten 12
Technik des Schneidens 17

DURCHFÜHRUNG DES SCHNITTES

Schnitt von Kernobst 26
Schnitt von Apfel 27
Pflanzschnitt allgemein 27
Schnitt von Sorten verschiedener Wuchsstärke und unterschied-
licher Fruchtholzbildung 31
    Golden Delicious/M IX ohne Aufbau 31
    Cox Orange/M IX mit Aufbau 38
    Boskoop/M IX 47
    Golden Delicious/M IV mit Aufbau 52
Behandlung älterer Einzeläste 61
Regulierung größerer Kronen 66
Erziehung von Kernobstspalieren 74
Schnitt von Birne 77
Schnitt von Sorten mit unterschiedlichem Kronenaufbau 77
    Lucas/Quitte 77
    Conference/Quitte 86
Auslichtung von starkwachsenden Kronen/Sämling 90

Schnitt von Steinobst 93
Schnitt von Schattenmorelle 94
Schnitt von Süßkirsche 109
Schnitt von Pfirsich 112

Umveredlung 114
Veredlungsverfahren 115
Durchführung der Umveredlung 124

Schnitt von Beerenobst 129
Schnitt von Johannis- und Stachelbeeren 130
Schnitt von Himbeeren 139
Schnitt von Brombeeren 140

Schnitt von Weinreben 141

Art und Zeitpunkt des Schnittes 144

2

Einführung

Dem Schnitt fällt die Aufgabe zu, sowohl am jungen als auch am erwachsenen und alternden Baum, im gesamten Kronenraum ein physiologisches Gleichgewicht zwischen Trieb und Ertrag herzustellen bzw. zu erhalten. Weiter gilt es, die Kronenausdehnung durch Schnittmaßnahmen dem jeweils gegebenen Standraum anzupassen. Gegenüber früheren Jahren hat sich die Schnittdurchführung in wesentlichen Punkten geändert. Damals strebte man den Aufbau eines kräftigen und großen Kronengerüstes an und mußte dafür einen späteren Ertragsbeginn in Kauf nehmen. Heute bevorzugt man kleinere Kronen, die sich durch rasch einsetzende, hohe Erträge auszeichnen, relativ einfach und schnell zu schneiden sind und zeitlebens eine Beerntung weitgehend vom Boden aus ermöglichen.

Ebenso wichtig wie die Ertragsbeschleunigung im Jugendstadium ist in der Zeit des Vollertrages die Erhaltung eines genügenden Jungtriebzuwachses durch geeigneten Überwachungs- und Fruchtholzschnitt. Bei nachlassendem Triebzuwachs und beginnender Verminderung der Fruchtgröße und -qualität ist ein Verjüngungsschnitt unerläßlich. Ungeeignete Sorten können beim Baumobst unter entsprechenden Voraussetzungen durch Umveredlung mit brauchbaren Sorten ersetzt werden.

In der vorliegenden, völlig neu bearbeiteten Auflage werden unsere vielfältigen Versuchsergebnisse und Beobachtungen über die physiologisch richtige und zweckmäßige Durchführung des Kern- und Steinobstschnittes berücksichtigt. Als Voraussetzung für die dargestellten technischen Vorgänge werden die Grundgesetze erläutert, nach denen sich die unbeeinflußt wachsenden und die geschnittenen Kronen aufbauen. Auch der Schnitt des Beerenobstes und der Weinreben in den verschiedenen Entwicklungsstadien wird behandelt.

Zum besseren Verständnis der notwendigen Schnittarbeiten werden diese – in einzelne, aufeinanderfolgende Arbeitsvorgänge zerlegt – in Bildreihen dargestellt. Die zu entfernenden Kronenteile sind immer rot gezeichnet. Herrn Dr. Gustav Engel gilt mein besonderer Dank für seine Mitarbeit. Der Erfolg des Schnittes setzt eine ausreichende Abstimmung mit anderen Pflegemaßnahmen voraus. Ein Gleichgewicht zwischen Trieb und Ertrag des Obstbaumes oder -strauches in den verschiedenen Lebensabschnitten läßt sich leichter herstellen, wenn der Schnitt nicht nur der Wuchsstärke von Edelsorte und Unterlage, sondern auch der jeweiligen Bodenpflege und Düngung angepaßt wird. Eine Schwächung des Wuchses wird bei Kernobst durch die Zwergunterlage Malus IX und Quitte und durch ein Höherveredeln des Reises auf die Unterlage erreicht. Für Steinobst sind schwachen Wuchs verursachende Unterlagen noch nicht gefunden worden. Möglichkeiten, die Schnittmaßnahmen zu ergänzen und Fehler oder ungünstigen Witterungsverlauf auszugleichen, bestehen in der Anwendung der Fruchtausdünnung und im Einsatz von Wuchs- und Hemmstoffen, die Triebwachstum und Fruchtentwicklung beeinflussen.

Als Maßnahme zur Triebförderung hat sich neben höherer und einmalig verabfolgter Stickstoffdüngung das regelmäßige Grasmulchen der Arbeitsgassen in Verbindung mit dem Freihalten der Baumstreifen von Unkraut durch Herbizide erwiesen. Einseitige Triebförderung geht aber mit einer Verminderung der Fruchtqualität parallel. Einen triebhemmenden, und damit vielfach einen ertragssteigernden Einfluß haben mäßige Stickstoffdüngung — evtl. in mehreren Gaben verabfolgt — und zeitweiliges Begrünenlassen der Baumstreifen. Ein geringerer Schnitteingriff kann, in Verbindung mit richtig dosierten Stickstoffgaben (möglichst nicht in den Sommermonaten), auch den Krebsbefall vermindern.

Eine gute, bis zur Basis reichende Belichtung der Krone und eine ausgewogene Jungtriebbildung führen zur Verminderung des Auftretens physiologisch bedingter Krankheiten. Lichte Kronen sind ferner eine wichtige Voraussetzung für allseitige Durchdringung und Benetzung des Baumes mit Spritzbrühen. Dies trägt auch bei schwer zu erfassenden Schädlingen und Krankheiten, wie Blutlaus, Rote Spinne und Gloeosporium, zu einem guten Bekämpfungserfolg bei. Der Mehltau läßt sich chemisch häufig nur in Ergänzung mit dem Abschneiden der befallenen Endknospen an den Jungtrieben erfolgreich beseitigen. Erst im Zusammenwirken mit den wesentlichen Pflegemaßnahmen ist ein ausreichender Erfolg des Schnittes zu erwarten.

Voraussetzungen für den Schnitt

Grundlagen

*Zonen natürlicher Trieb- und Fruchtbildung
im allgemeinen*

Bevorzugte Triebzonen   Bevorzugte Ertragszonen

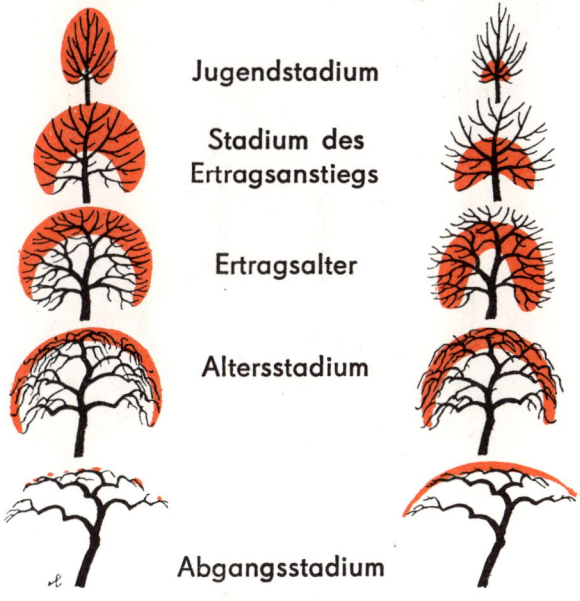

Jugendstadium

Stadium des
Ertragsanstiegs

Ertragsalter

Altersstadium

Abgangsstadium

Im Laufe der Entwicklung der Krone in den einzelnen
Lebensabschnitten finden Verlagerungen der Zonen
jeweils für die Trieb- und Fruchtbildung statt.

5

Bei senkrecht stehenden Zweigen sind die Spitzen-, bei gebogenen die Scheitelknospen im Trieb gefördert. An waagerechten Trieben sind alle Oberseitenknospen gleichgeordnet.

6

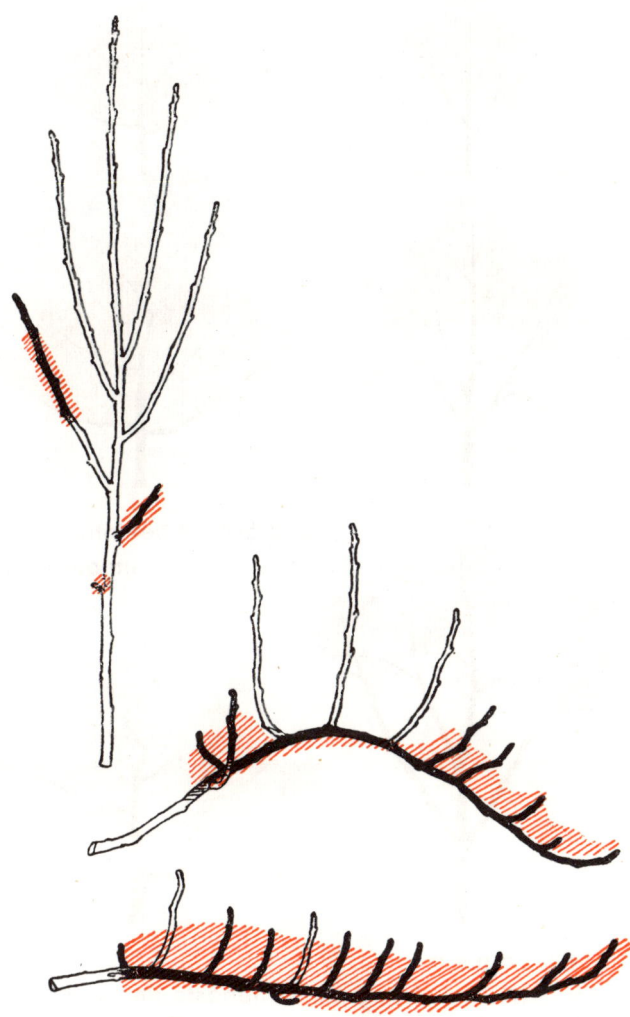

Fruchtknospen werden bevorzugt an schwachen Trieben, an Starktrieben bestimmter Sorten aber dann gebildet, wenn sie durch Schräg- oder Waagerechtstel-
lung in der Krone unterordnet werden.

*Durch Schnitt beeinflußte Zonen
im allgemeinen*

T r i e b z o n e n
Bei falscher Erziehung der Seitenäste im steilen Winkel
zur Mittelachse erfolgen einseitige Förderung höherer
Kronenteile, Überbauung und Verkahlung der Ast-
basis. Bei richtigem Schnitt stehen die Leitäste im flachen Winkel. Die Jungtriebbildung wird bis zur Basis
laufend neu angeregt.

Ertragszonen

Nur bei richtigem Schnitt sind baldiger Ertragsbeginn, erhöhter Jugendertrag, fortdauernde und regelmäßige Fruchtbildung an allen Kronenteilen gegeben. Die Ernte kann – im Gegensatz zur falsch erzogenen Krone – weitgehend vom Boden aus erfolgen.

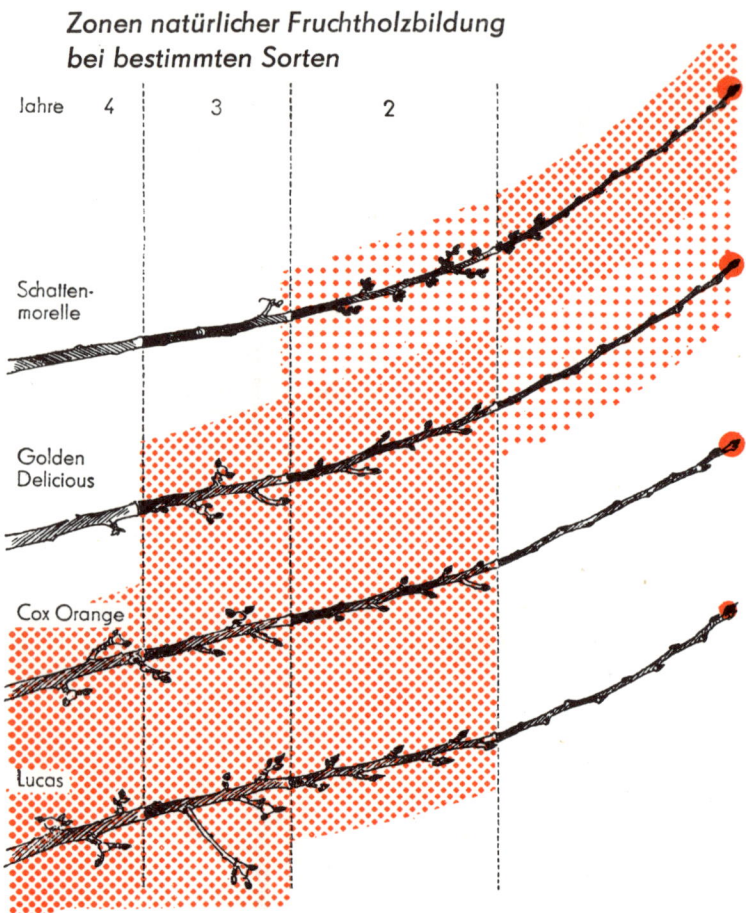

Zonen natürlicher Fruchtholzbildung bei bestimmten Sorten

Jahre 4 3 2

Schatten-
morelle

Golden
Delicious

Cox Orange

Lucas

**B e v o r z u g t e   B l ü t e n z o n e   a n   e i n -   b i s
v i e r j ä h r i g e m   H o l z**
Schattenmorelle und andere Steinobstsorten blühen
bevorzugt am einjährigen Holz. Der blühwillige Golden
Delicious bildet meistens, der blühschwierige Cox selten Blüten am einjährigen Holz. Birnensorten ver-
halten sich ähnlich wie Cox.

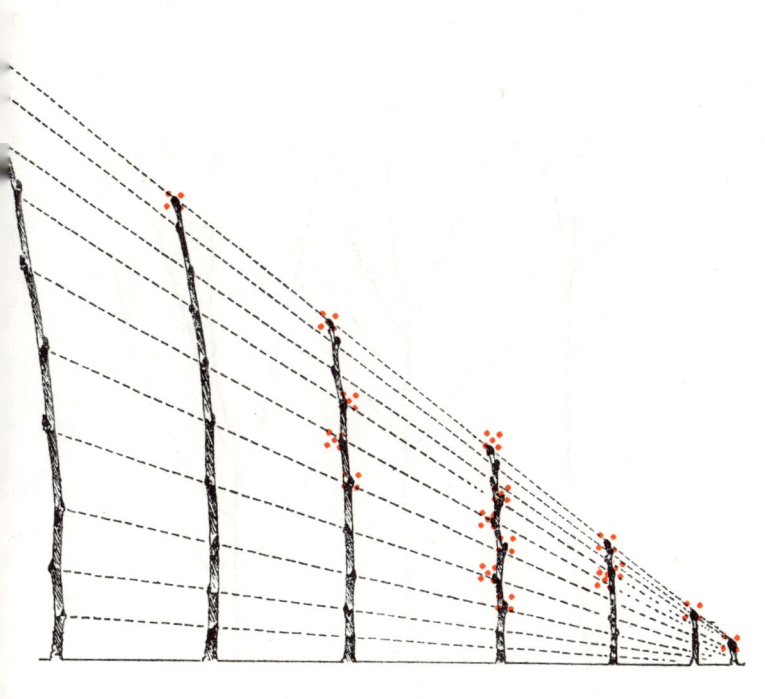

Bevorzugte Orte der Blütenbildung an unterschiedlich langen Trieben bei noch im Aufbau befindlichen Kernobstbäumen

Die Blütenbildung beginnt mit der Endknospe. Sie wird um so mehr gefördert, je kürzer und je mehr der Trieb zur Waagerechten geneigt ist.

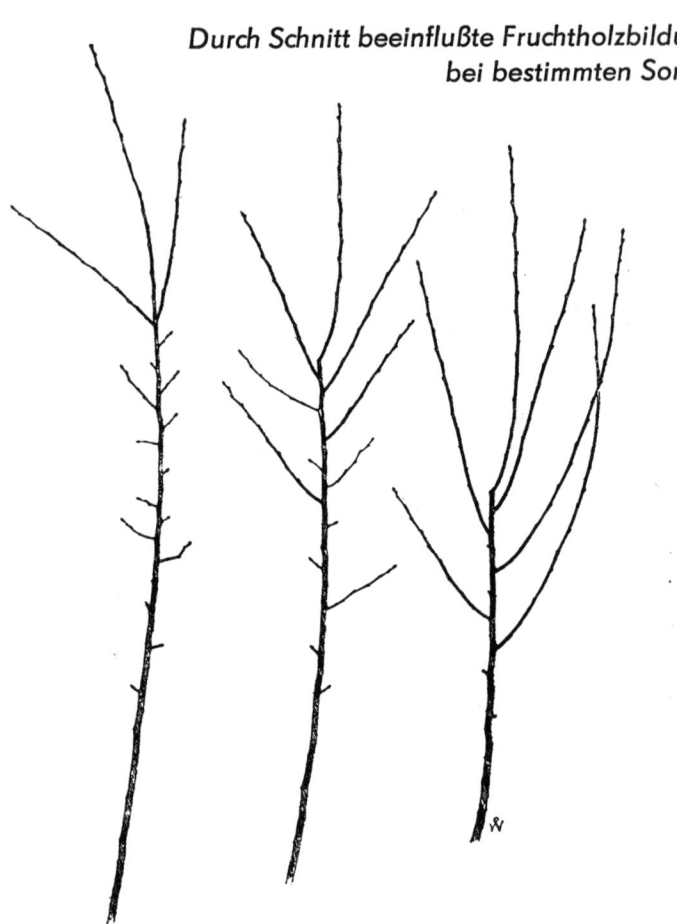

Durch Schnitt beeinflußte Fruchtholzbildung bei bestimmten Sorten

Auswirkung des Schnittes an einjährigen Langtrieben auf ihren Austrieb
Ohne Rückschnitt entstehen viele schwächere und flacher stehende Kurztriebe, die beschleunigt zahlreiche Blüten bilden. Scharfer Rückschnitt führt zur Bildung einzelner starker Triebe, die steiler wachsen sowie weniger und verzögert blühen.

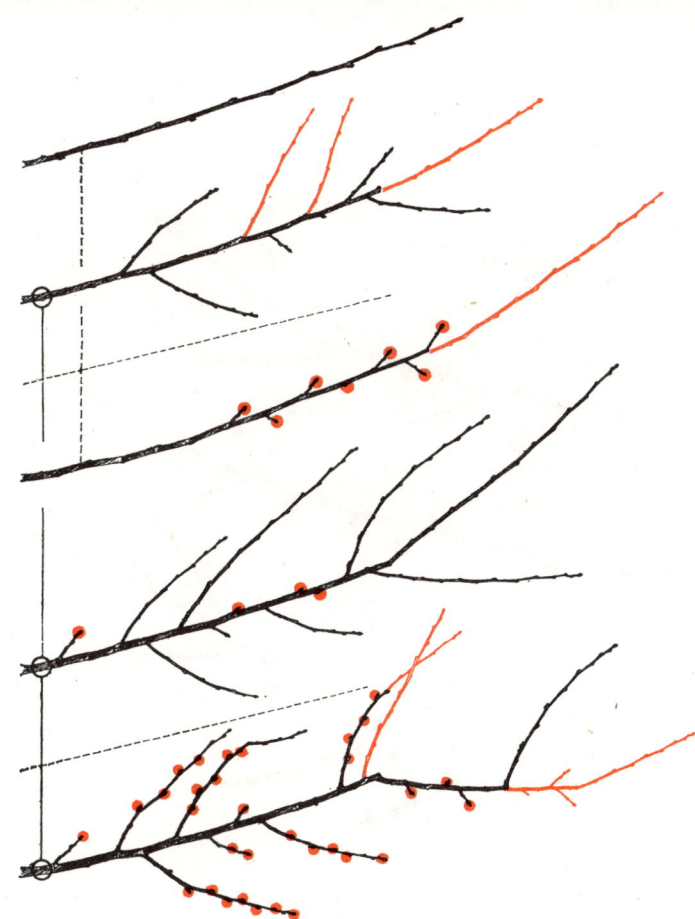

Umbildung starker einjähriger Jungtriebe von Cox zu Fruchtholz in Verbindung mit einer zweckmäßigen Schnittbehandlung

Bei allgemein starkem Wuchs bilden kräftige Triebe von
Cox im 2. Jahr keine Blüten aus, oder diese fallen ab.
Bei sehr vorsichtigem Schneiden, d. h., beim Belassen
nur des schwächeren Holzes am Ende des 2. Jahres,
setzt das Fruchtholz zum 3. Jahr verstärkt Blüten und
Früchte an.

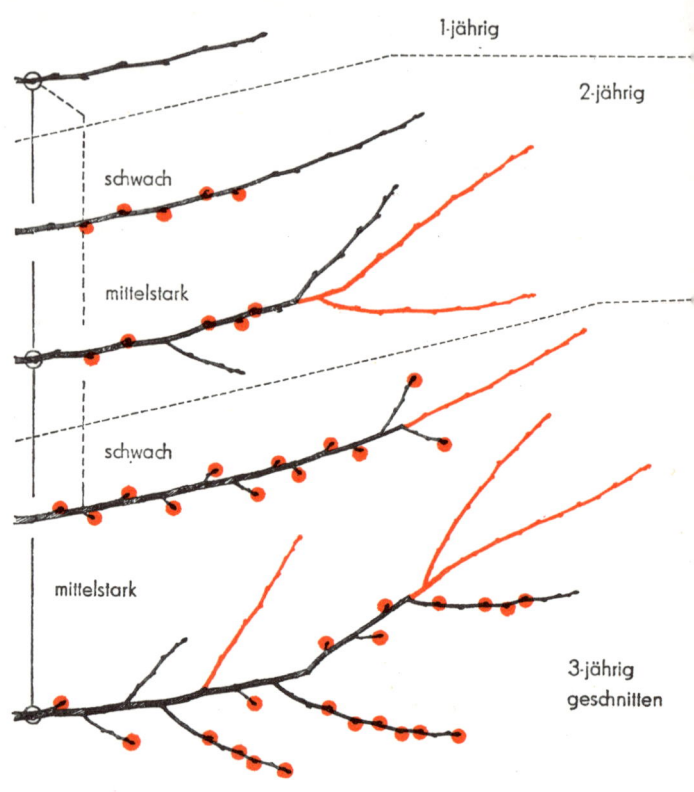

1·jährig

2·jährig

schwach

mittelstark

schwach

mittelstark

3·jährig
geschnitten

Umbildung schwächerer, schräg stehender Jungtriebe von Cox zu Fruchtholz und ihre zweckmäßige Schnittbehandlung

Schwächere und mehr waagerecht stehende Jungtriebe haben schon im 2. Jahr zahlreiche Blütenknospen und wenig Triebzuwachs. Ein Ableiten oder ein vereinzelter Rückschnitt der Triebe auf die obere Blütenknospe des 2jährigen Holzes verhindert eine vorzeitige Vergreisung dieser fruchttragenden Äste.

14

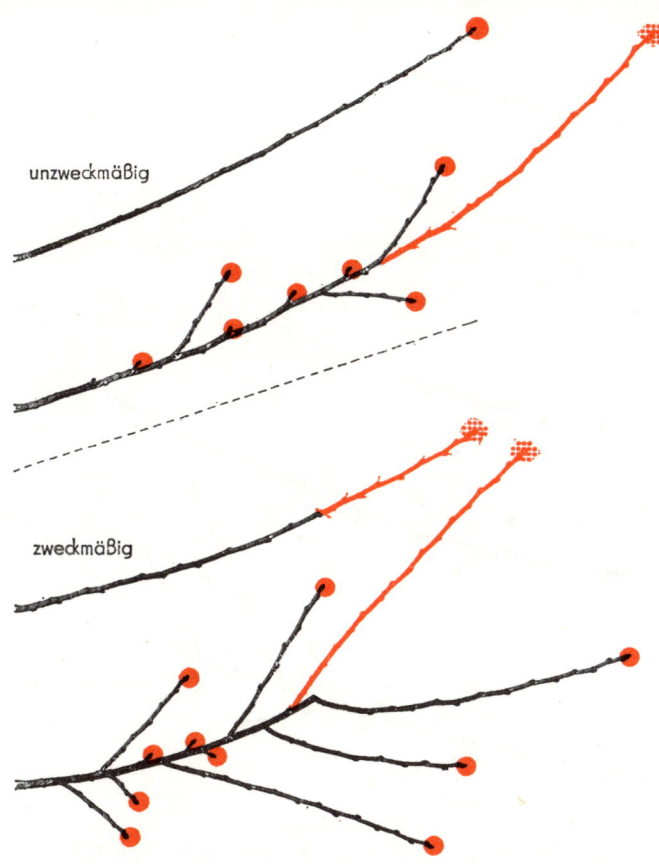

unzweckmäßig

zweckmäßig

Fruchtbildung an starken einjährigen Jungtrieben von Golden Delicious und ihre zweckmäßige Schnittbehandlung
Bei dieser sehr blühwilligen Sorte entstehen auch an starken, einjährigen Trieben Blüten und Früchte, die zu so hohen Erträgen führen, daß es im Folgejahr zu Ertragsausfällen kommt. Um die Alternanz zu vermeiden, wird in diesem Fall ein Teil der einjährigen Triebe auf etwa die Hälfte eingekürzt, um einen zu hohen Fruchtansatz zu vermeiden.

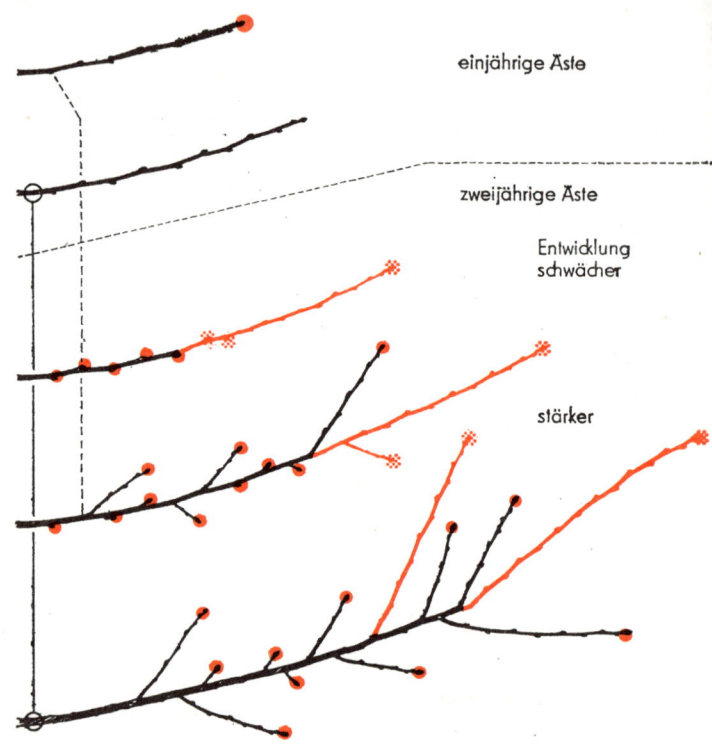

einjährige Äste

zweijährige Äste

Entwicklung
schwächer

stärker

**Fruchtholzbildung an schwachen bis
mittelstarken Jungtrieben von
Golden Delicious und ihre zweckmäßige Fruchtholzbehandlung**
Schwächere einjährige Triebe von Golden Delicious
bilden nur die Endknospe als Blüte aus. Ohne Rückschnitt setzen sie erst im 2. Jahr stärker Blüten an.
Schwächeres zweijähriges Fruchtholz ohne Neutrieb
wird um die Hälfte eingekürzt. Etwas stärkere einjährige Fruchtäste werden entweder auf einen Seitentrieb abgeleitet oder nicht geschnitten.

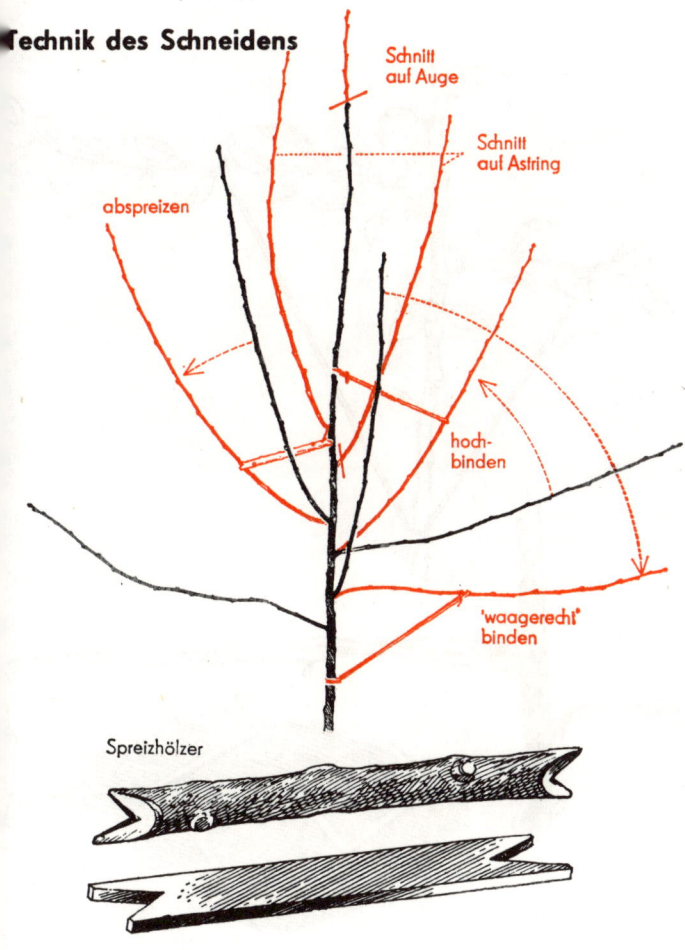

Schnitt
auf Auge

Schnitt
auf Astring

abspreizen

hoch-
binden

'waagerecht'
binden

Spreizhölzer

Abspreizen, Waagerechtbinden,
Hochbinden

Zur Förderung des Gleichgewichts in der Krone werden
zu steil stehende Triebe abgespreizt bzw. waagerecht
gebunden, zu waagerecht liegende, vor allem verhält-
nismäßig schwache Triebe hochgebunden.

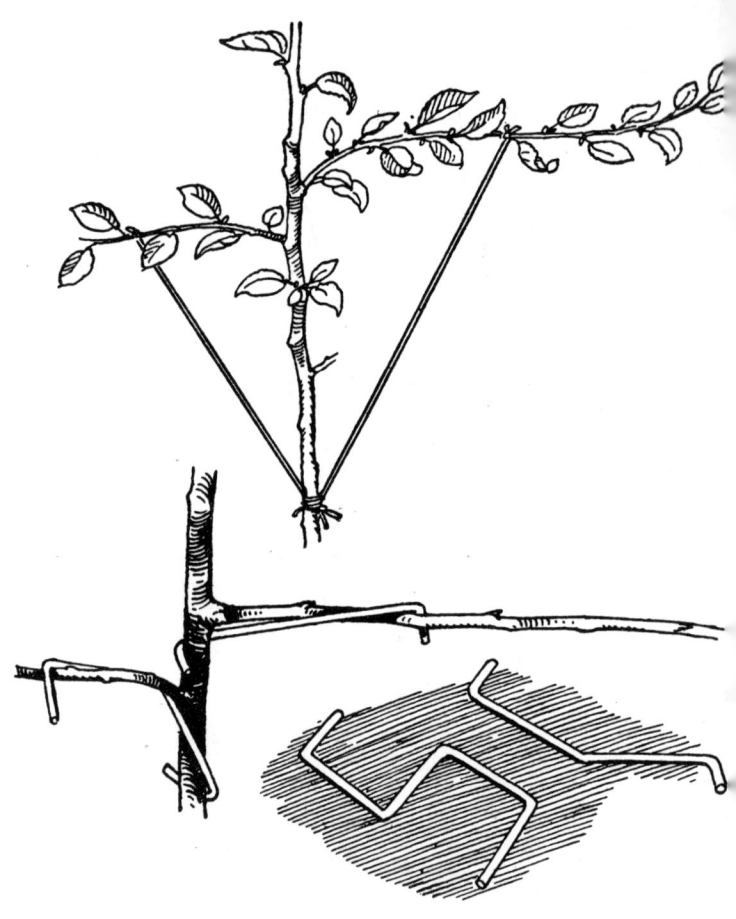

Statt des Waagerechtbindens können, vor allem an noch wenig verholzten Trieben, Klammern zum Schrägstellen verwendet werden. Die so entstandenen künstlichen Fruchtbögen treiben weniger, blühen rascher und reicher als kräftige, aufrechtstehende Triebe.

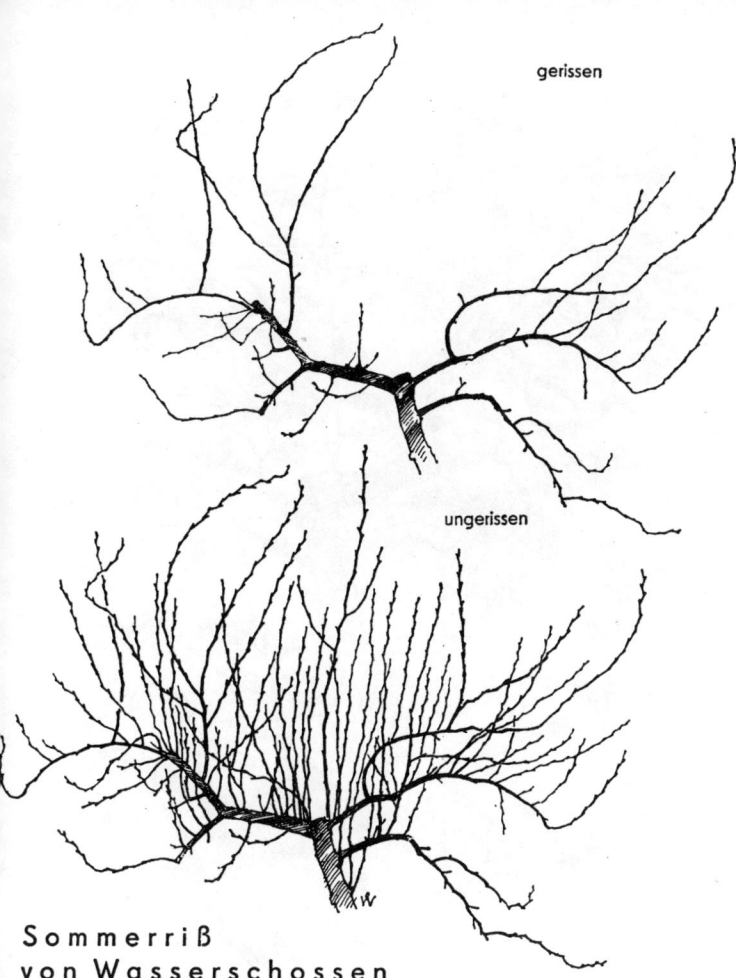

gerissen

ungerissen

Sommerriß
von Wasserschossen

Jeder starke Schnitteingriff, vor allem eine Beschränkung des Astgerüstes, führt zur Ausbildung zahlreicher Wasserschosse. Diese müssen zur Triebeinschränkung bis auf wenige Triebe entfernt werden. Am schnellsten und einfachsten reißt man sie vor dem Verholzen büschelweise mit der Hand fort. Die Rißwunden verheilen rasch und leicht.

Kronenteile mit Sommerriß bekleiden sich günstig und verursachen wenig Arbeit. Nicht gerissene Kronenpartien bedürfen vieler zeitraubender Einzelschnitte, deren Wunden verzögert verheilen und zu neuem Austrieb anregen.

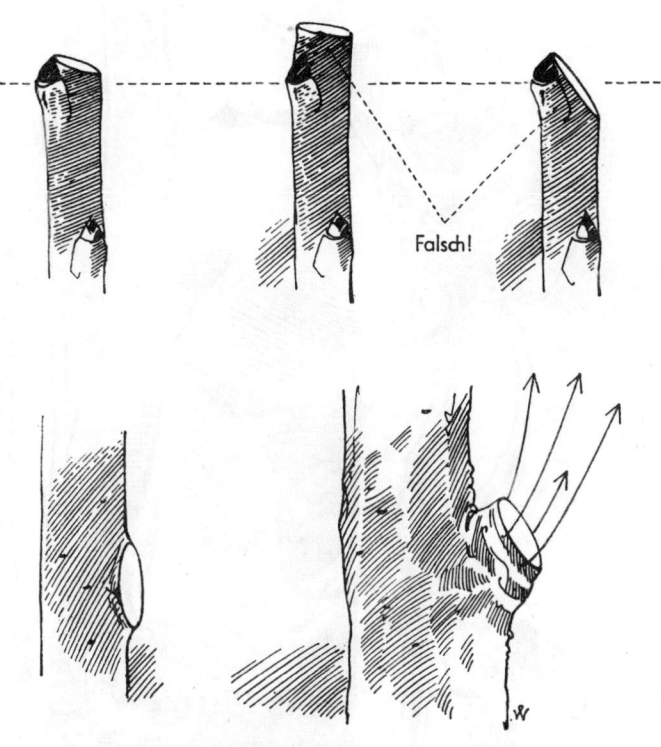

Falsch!

Schnittführung von Schere und Säge

Die Schere ist so anzulegen, daß der untere Wundrand in einer Höhe mit der Knospenbasis endet. Bei zu hohem Ansetzen der Schnittwunde bildet sich ein trokkener Zapfen, bei zu tiefem vertrocknet das obere Auge leicht. Die Sägewunde wird in den Astring parallel zum verbleibenden Ast gelegt (links unten), um ein Austreiben von Beiknospen zu verhindern. Ein kleiner Zapfen wird dann belassen (rechts unten), wenn basisnahe Knospen geschont werden sollen, um neue Triebe und Äste zu bilden.

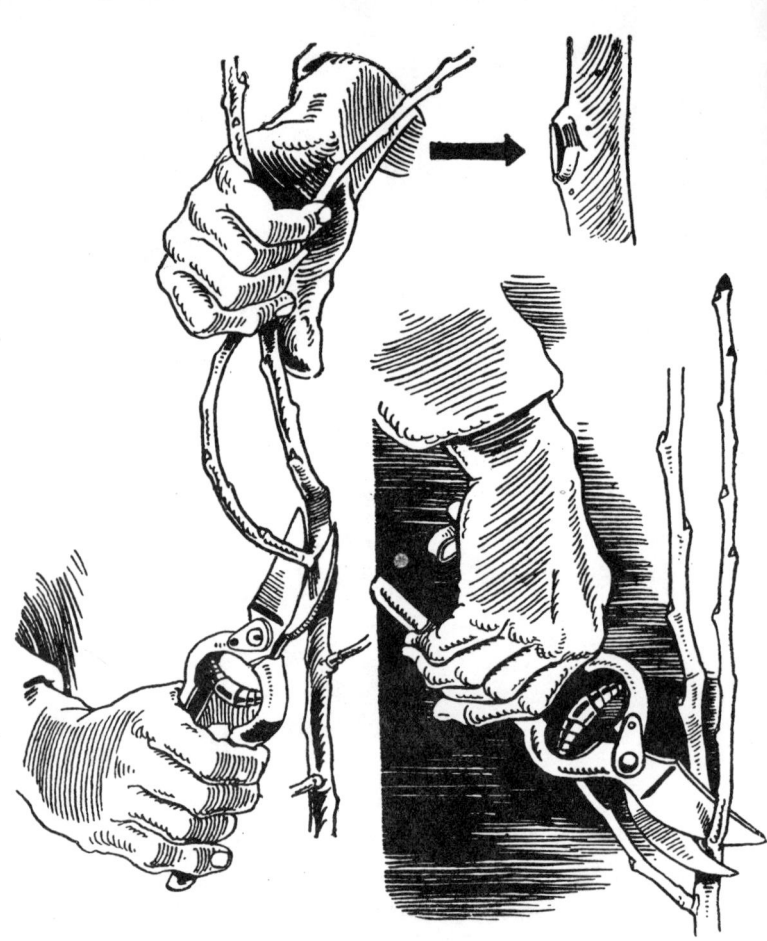

Ansetzen der Schere am Jungtrieb
Die Schere wird von u n t e n gegen den Trieb geführt.
Durch gleichmäßiges leichtes Anziehen des Triebes mit
der linken Hand wird die Arbeit erleichtert und verbes-
sert. Beim Ansatz der Schere von oben nach unten (Bild
rechts) ist die Arbeit erschwert, und der Trieb reißt an
der Schnittwunde leicht aus.

Richtiges An- und Absägen eines stärkeren, schwereren Astes

Um ein Ausschlitzen des Astes zu vermeiden, schneidet man ihn zunächst etwa 20 cm vom Stamm entfernt von unten bis etwa zur Astmitte ein. Erst dann wird der Ast von oben angesägt. So bricht er ohne Ausschlitzen ab. Der noch verbleibende Aststumpf wird so von oben abgesägt, daß die Schnittwunde dicht am Stamm verläuft und die Überwallung der Wunde erleichtert wird.

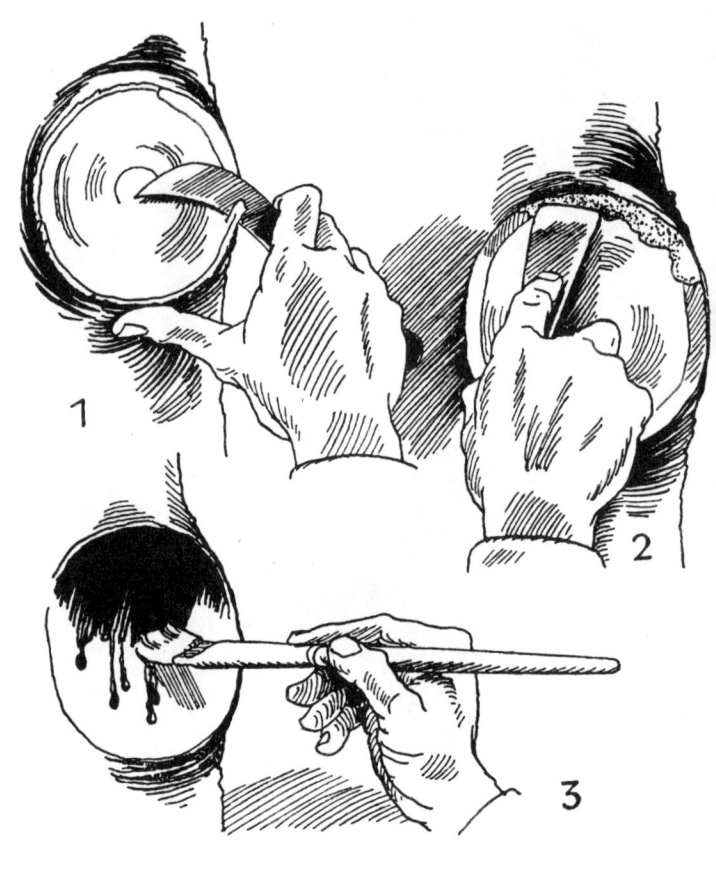

Wundbehandlung

Um die Wundverheilung zu fördern, wird der äußere Wundrand mit einem scharfen Messer nachgeglättet und mit Baumwachs verstrichen. Das Ausfaulen des Kernholzes wird durch Auftragen z. B. von entsäuertem Holzteer bzw. Leinölfarbe erschwert bzw. verhindert.

Schnitthilfen

Eine Ertragsbeschleunigung kann durch Unterbrechen der Assimilatwanderung, durch Anlegen von Drähten bzw. durch Ringeln (vorsichtiges Auslösen eines 1,5 cm breiten Rindenringes im April/Mai) gefördert werden. Durch das Abstechen der äußeren Wurzeln wird die Nährstoffzufuhr zum Sproß vermindert und die Fruchtknospenbildung gefördert.

Durchführung des Schnittes

Schnitt von Kernobst

Bei Apfel und Birne zeigen die einzelnen Sorten eine sehr unterschiedliche Triebstärke, Kronenausdehnung und eine verschiedene Art der Fruchtknospenausbildung. Dies ist, wie auf den Seiten 12 bis 16 dargestellt wurde, bei Kronenaufbau und Schnitt zu berücksichtigen und soll am Beispiel bestimmter Sorten dargestellt werden. Sorten wie Golden Delicious, Jonathan und James Grieve sowie Alexander Lucas auf Zwergunterlage lassen sich — ohne systematischen Aufbau auf seitliche Triebe erster Ordnung — als schmale, kleine Spindeln mit betonter Mittelachse erziehen. Sie sind für Dichtpflanzungen geeignet und tragen vielfach schon am einjährigen Holz. Sorten wie Cox Orange, Berlepsch und Conference bilden breitere Kronen aus. Ihre einjährigen Triebe haben selten Fruchtknospen. Sie beanspruchen, auch auf Zwergunterlage veredelt, größere Pflanzabstände. Solche ausladenden Kronen lassen sich einfacher auf einige Seitenäste 1. Ordnung aufbauen, die etwas steiler stehen als die Fruchtäste.

Die Seitentriebe bilden von Natur aus dann einen flachen Winkel mit der Mittelachse, wenn sie nicht eingekürzt werden. Auf diese Weise wird die Triebstärke gehemmt und damit eine baldige Blütenbildung gefördert. Dagegen schneidet man die zukünftigen Leitäste unter Berücksichtigung ihrer Triebstärke zurück. Bei schwierig tragenden, von Natur aus steilwachsenden Sorten (Vereins-Dechantsbirne, Gellerts Butterbirne, Cox Orange auf stärkerer Unterlage) kann eine zusätzliche Hemmung des Triebwachstums und eine damit verbundene Verfrühung des Ertrages erreicht werden. In diesem Fall stellt man einige Seitentriebe an der Mittelachse und am Astgerüst waagerecht.

Ebenso wichtig wie die Ertragsbeschleunigung an Jungkronen bei einer ausreichenden Triebstärke ist in der erwachsenen Krone die Erhaltung der Ertragsfähigkeit sowie ihre ständige optimale Einpassung in den gegebenen Standraum. Die durch stärkere Schnitteingriffe besonders an den Schnittstellen der Spitzenzonen entstehenden zahlreichen Jungtriebe sollten bereits im Frühsommer durch Sommerriß von Hand teilweise beseitigt werden. Aus solchen Bäumen müssen überbauende und zu dicht stehende stärkere Äste fortgesägt werden. Die Astverlängerungen werden auf schräg stehende, schwächere Nebentriebe abgeleitet, damit die Ernte vom

Boden aus erfolgen kann. Abgetragenes Fruchtholz wird entfernt oder eingekürzt, um die Ausbildung von jungem Fruchtholz anzuregen.

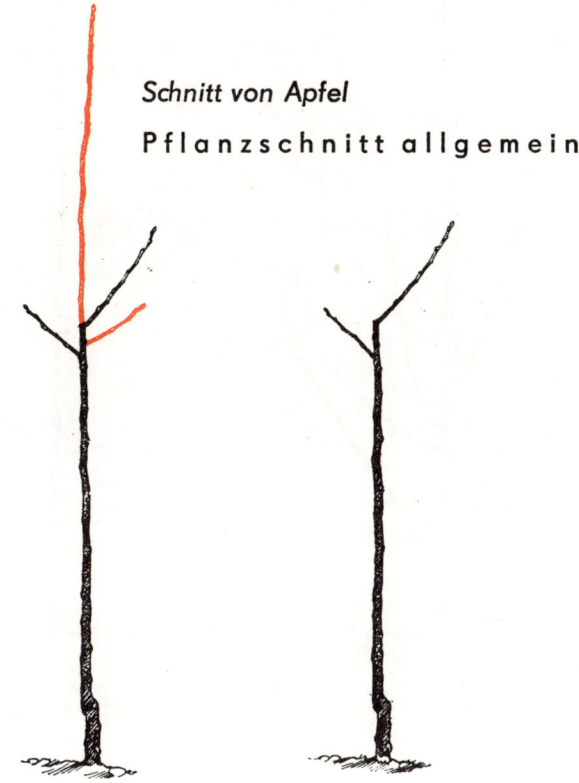

Schnitt von Apfel

Pflanzschnitt allgemein

Schwach entwickelte Veredlung

Da kaum vorzeitige Triebe vorhanden sind, auf die die Krone aufgebaut werden könnte, muß der Austrieb mittelstarker, bald blühender Verzweigungen angeregt werden. Dies erfolgt nicht durch Rückschnitt des starken Mitteltriebes, sondern durch sein Ableiten auf einen schwachen Nebentrieb. Dieser wird nicht zurückgeschnitten.

Pflanzwürdige einjährige Veredlung
Auch vorzeitige Triebe können zum Kronenaufbau benutzt werden. Zu zahlreiche, bodennahe, steilstehende und konkurrierende Seitentriebe werden entfernt, die verbleibenden aber nicht eingekürzt. Der Mitteltrieb kann schwach angeschnitten werden.

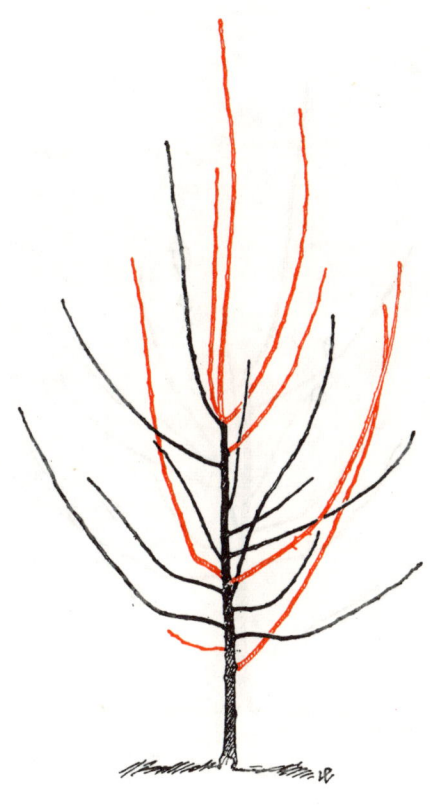

Pflanzwürdige zweijährige Veredlung
Auch bei der zweijährigen Veredlung werden überflüssige Triebe entfernt. Statt des Rückschnittes des ursprünglichen Mitteltriebes wird die Kronenspitze auf
einen Seitentrieb abgeleitet. Die flachen, nur mittelstarken Seitentriebe werden belassen und in der Regel
nicht eingekürzt.

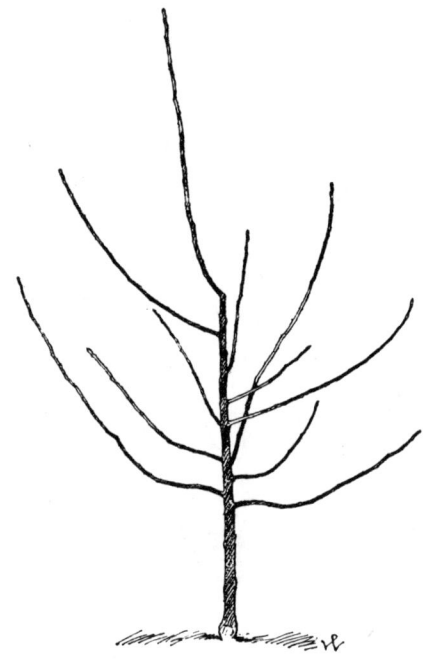

Je weniger die Verlängerung der Mittelachse eingekürzt wird, um so schlanker und schmaler wächst die
Krone und um so flacher werden die Astwinkel der Seitenaustriebe zur Mittelachse.

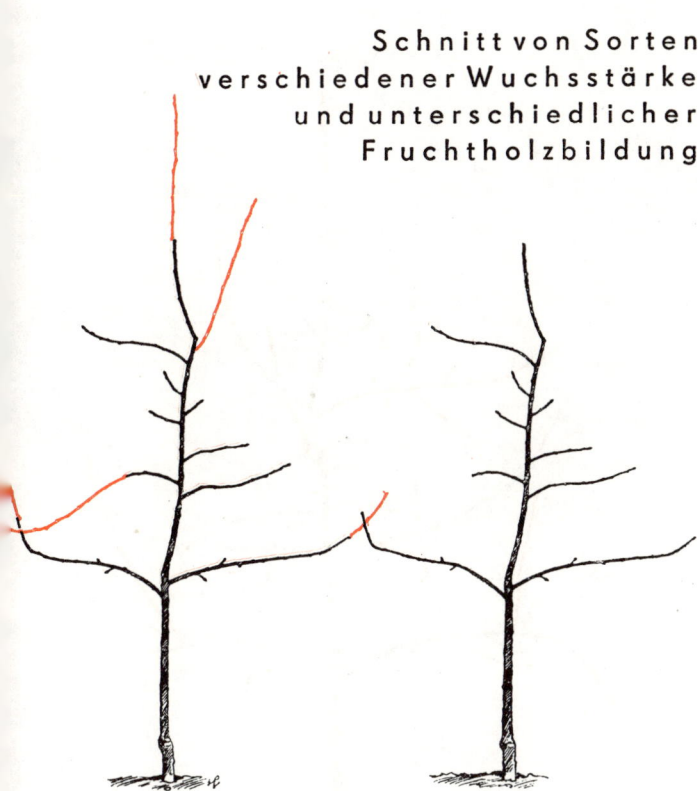

Golden Delicious/M IX ohne Gerüst-
aufbau nach einem Standjahr

In dieser Krone gibt es keine Leitäste, alle Äste sind
gleichwertig. Sie sind auf Grund des unterlassenen
Rückschnittes der Seitentriebe vor allem an der Kronen-
basis mehr in die Waagerechte gewachsen. In der
Spitze haben sich nur schwache, aber schräg stehende
Seitenaustriebe gebildet. Außer der Beseitigung der
Konkurrenztriebe und der Einkürzung des Mitteltriebes
ist kein weiterer Schnitteingriff erforderlich.

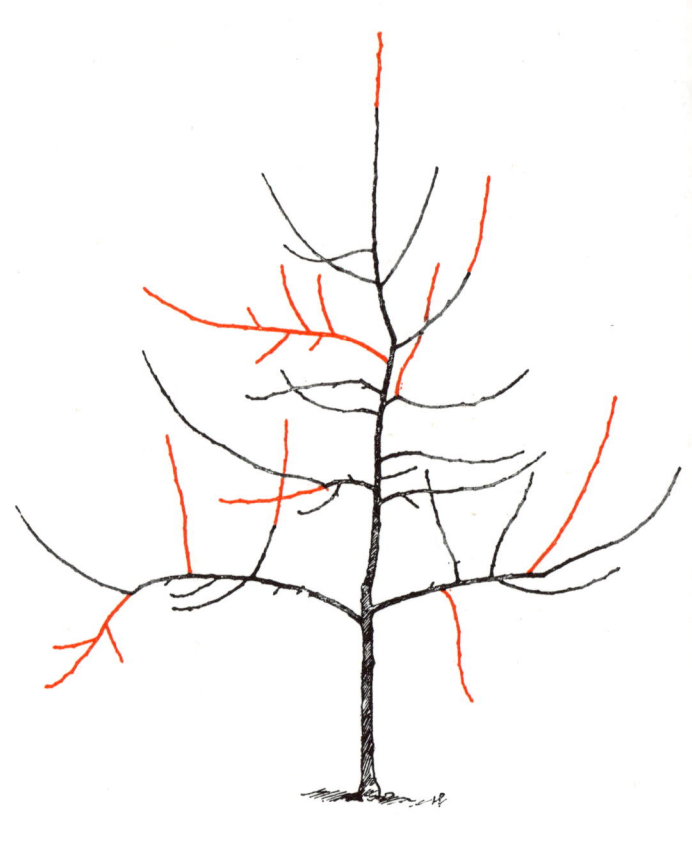

Golden Delicious/M IX ohne Gerüstaufbau nach 2 Standjahren
Es entsteht eine schmale, unten etwas breitere Spindel
mit betonter Mittelachse.

In dieser jetzt locker aufgebauten Krone wurden ein stärkerer Seitenast in der Kronenmitte und einige überflüssige Verzweigungen entfernt. Nur der einjährige Verlängerungstrieb an der Mittelachse wurde zu ihrer Stabilisierung und zur Förderung der Seitengarnierung in der Kronenspitze zurückgeschnitten. Ein weiterer Rückschnitt erfolgte nicht.

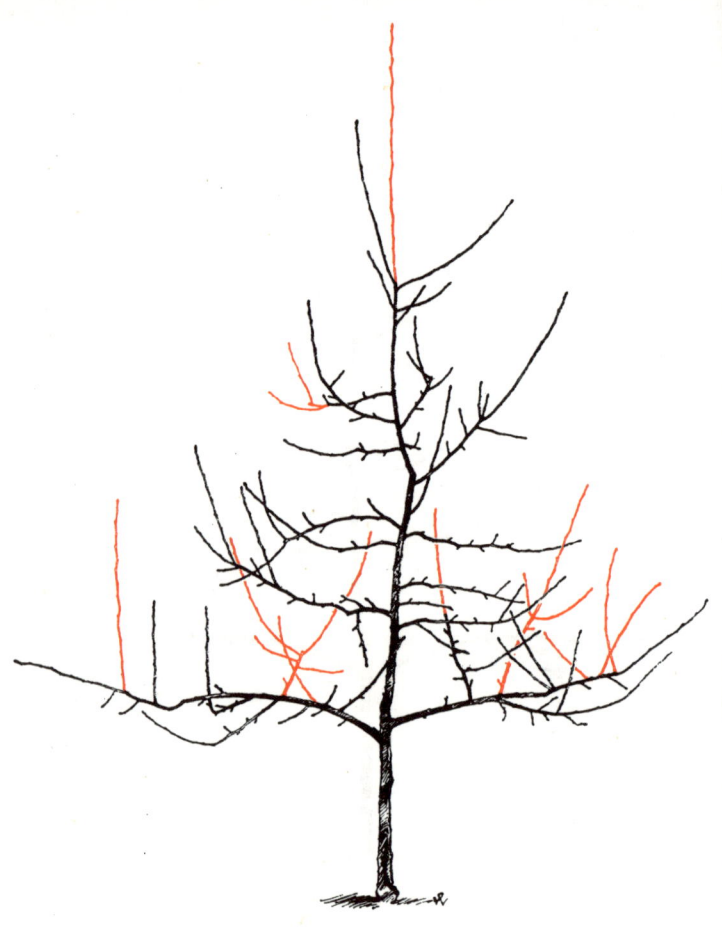

Golden Delicious/M IX ohne Gerüstaufbau nach 3 Standjahren
Der Baum ist so ausgewogen in seinem Aufbau aus
physiologisch gleichwertigen Fruchtästen, daß in diesem Entwick!ungsstadium nur wenige Schnittkorrektu-
ren erforderlich sind. Auch hier wird nur der Mitteltrieb
eingekürzt.

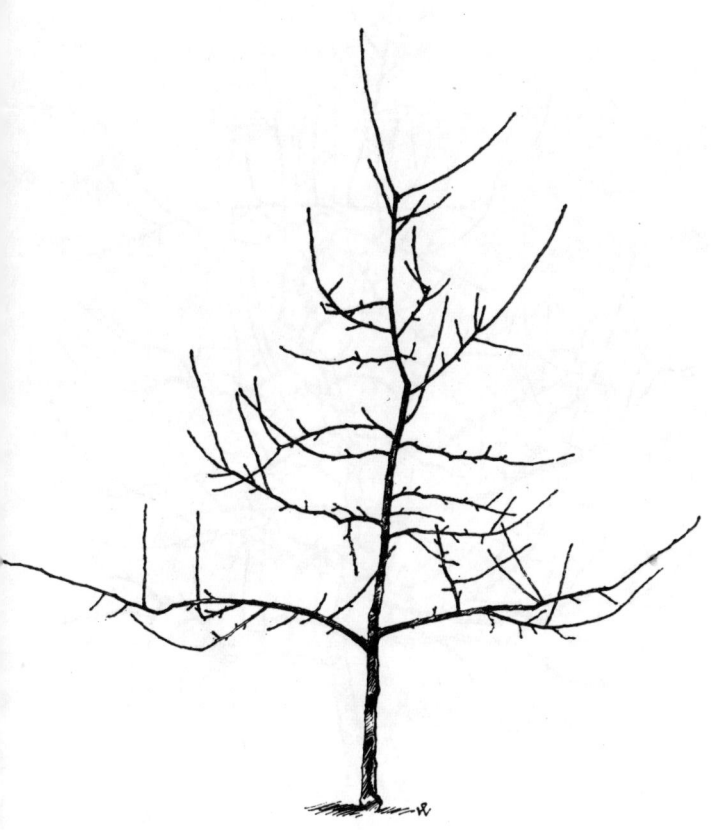

Es ist günstig, daß sich die Basisäste etwas stärker entwickeln als die übrigen Kronenteile; sie sind am wenig-
sten belichtet und der Spitze gegenüber, auch physiologisch gesehen, im Nachteil. Damit wird schon in der
Jugend ein Überbauen der Kronenbasis verhindert und
eine Voraussetzung für die zukünftige Ertragsbildung
in allen Kronenteilen geschaffen.

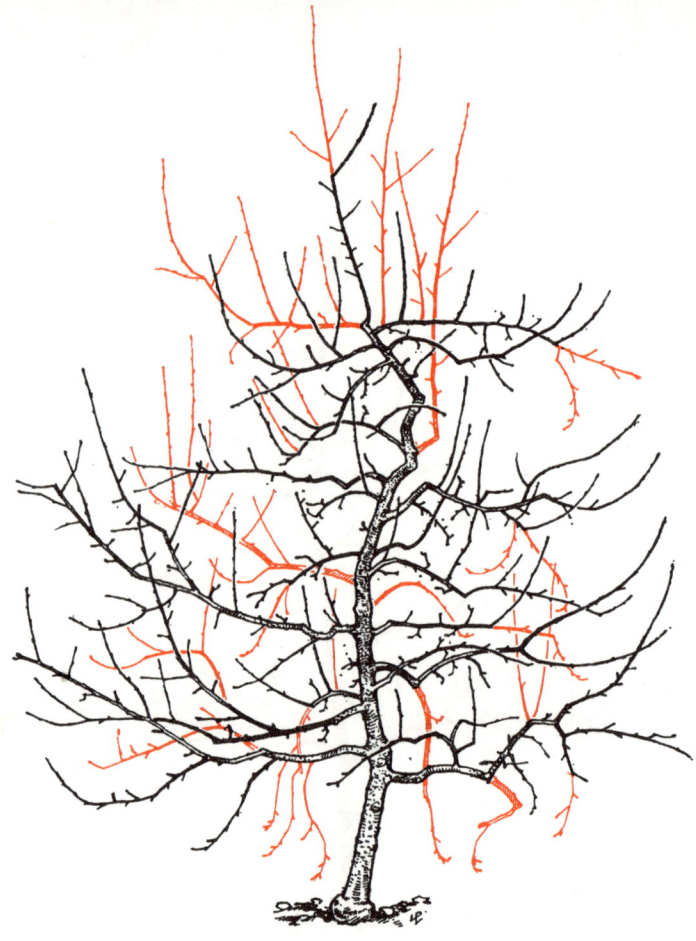

**Golden Delicious/M IX ohne Gerüst-
aufbau nach 15 Standjahren**
aus einer Dichtpflanzung von 3 x 1,5 m Abstand. Durch
wiederholtes rechtzeitiges Entfernen stärkerer Seitenäste bis zu ihrem Ansatz und Ableiten des Mitteltriebes
auf einen mehr flach stehenden Nebenast ist eine
schmale, günstig bis zur Basis garnierte Krone entstanden.

Überbauende Äste in der Kronenspitze wurden beseitigt und die Jungtriebe auch in der älteren Krone nicht eingekürzt. Altes Fruchtholz wurde entfernt, schwaches jüngeres von Fall zu Fall eingekürzt.

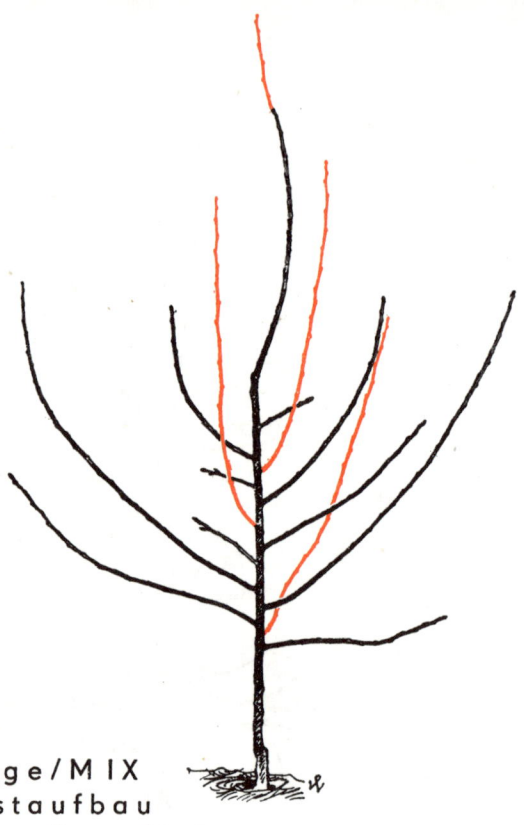

Cox Orange / M IX
mit Gerüstaufbau
nach einem Standjahr

Die Krone des mittelstark wachsenden Cox hat einen kräftigeren Trieb. Dieser kann durch das Belassen von schwächer wachsenden Seitentrieben mit flachem Winkel zur Hauptachse schnell zu Fruchtholz umgewandelt werden. Dabei muß ein Zurückschneiden der Seitentriebe unterbleiben. Den Aufbau übernehmen zwei etwas kräftigere, günstig stehende vorzeitige Seitentriebe. Die für den Aufbau vorgesehenen Triebe werden erst in der zweiten Vegetationsperiode schwach zurückgeschnitten.

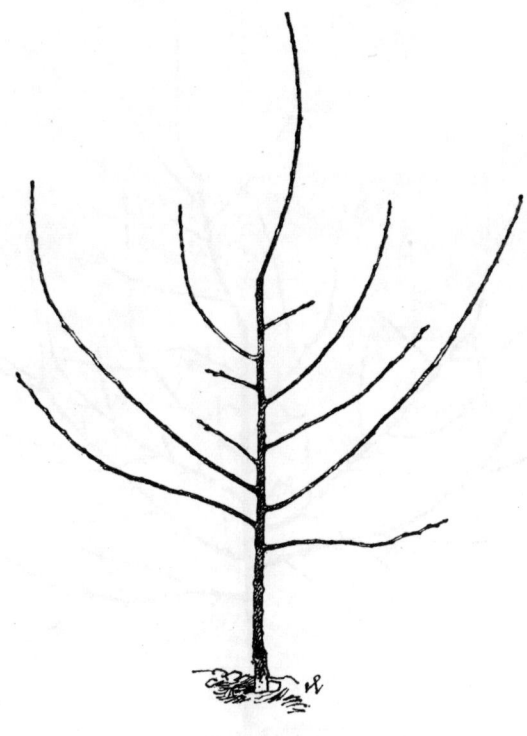

Bei systematischem Kronenaufbau wurden Mitteltrieb und zu entwickelnde seitliche Leitäste mäßig zurückgenommen. Überflüssige und sehr steile Triebe wurden ganz beseitigt. Alle anderen Triebe verbleiben ungeschnitten in der Krone und dienen dem baldigen Ertrag.

Cox Orange/M IX mit Gerüstaufbau nach 2 Standjahren

Der Mitteltrieb und die herausgestellten seitlichen Leitäste heben sich in der Krone deutlich von den Fruchtästen ab. Durch den mäßigen Rückschnitt der Leittriebe und die schonende Behandlung der übrigen Kronenpartien sind zahlreiche Kurztriebe entstanden, die der schnellen Blütenbildung dienen.

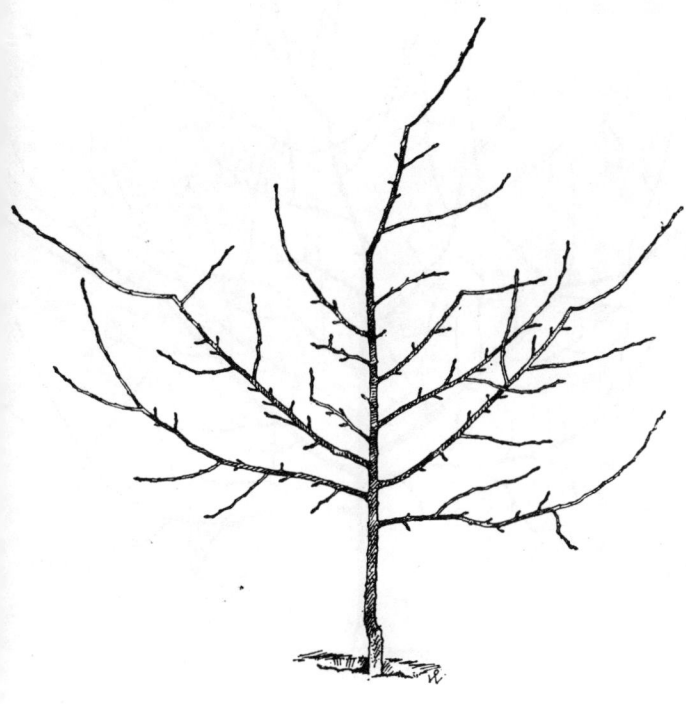

Die Mittelachse und die seitlichen Leittriebe wurden schwach eingekürzt oder bei sehr starkem und steilem Wuchs auf schräges und schwächeres Seitenholz abgeleitet. Zu dicke und senkrechte Triebe wurden bis auf den Astring fortgeschnitten. Das Fruchtholz blieb ungeschnitten.

Cox Orange/M IX mit Gerüstaufbau nach 3 Standjahren

Durch den stärkeren Trieb und die Entwicklung von Leitästen wird die Krone breiter als bei Golden Delicious auf der gleichen Unterlage. Basisförderung, Hemmung der Kronenspitze und Belichtung auch des Kroneninneren müssen schon an Jungbäumen eingeleitet werden.

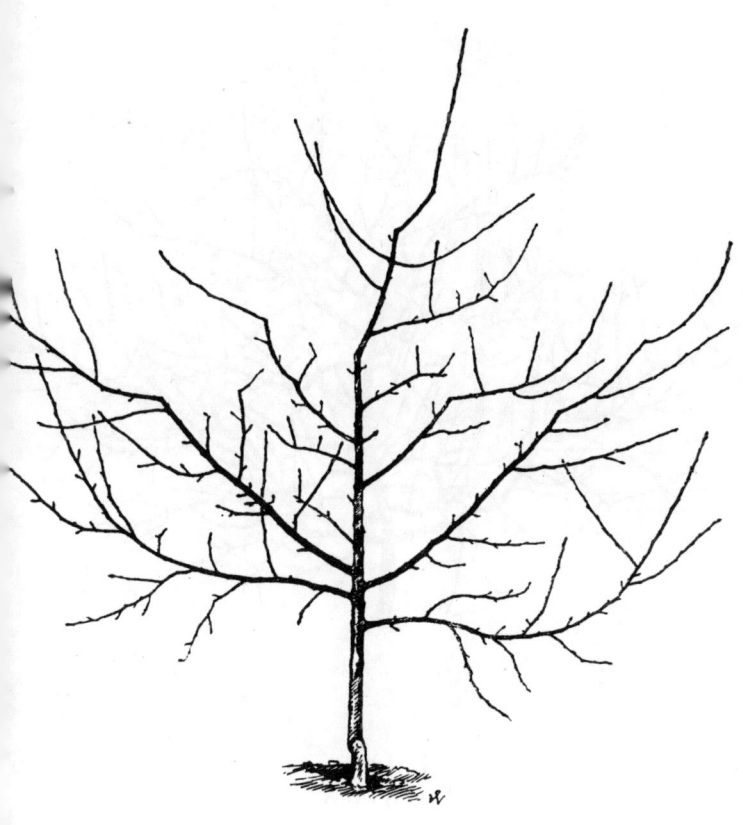

Die basisnahen Nebenzweige an der Krone und an den Leitästen blieben ungeschnitten. Die Spitzen der Mittelachse und der seitlichen Leitäste wurden auf schräger stehende Verzweigungen zurückgenommen. Diese sollte man nicht oder nur wenig einkürzen.

Cox Orange/M IX mit Gerüstaufbau nach 15 Standjahren

aus einer Pflanzung mit 3 x 3 m Abstand. Die Krone ist breit-oval und zeigt deutlich den für eine optimale Standraumnutzung von vornherein angestrebten mehr systematischen Aufbau mit zwei Seitenleitästen. Cox verlangt weitere Abstände und eine breitere Krone als Golden Delicious, um in ihr auch brauchbares älteres Fruchtholz erhalten zu können. Im ersten Arbeitsgang entfernt man stärkere, überbauende Äste in der Kronenspitze und zu dichte, steile Äste im Inneren.

44

Anschließend werden starke Jungtriebe beseitigt und
Fruchtholz, das älter ist als 4—5 Jahre, völlig entfernt
oder stärker eingekürzt.

Die fertig geschnittene Krone hat ein ausgewogenes
Verhältnis zwischen Trieb und Ertrag. Die Kronenbasis
wird von oberen Ästen nicht überdeckt und ist allgemein mit tragfähigen Kurztrieben bekleidet. Der obere
Kronenraum ist so erdnah (2,50 m), daß er günstig
vom Boden aus beerntet werden kann.

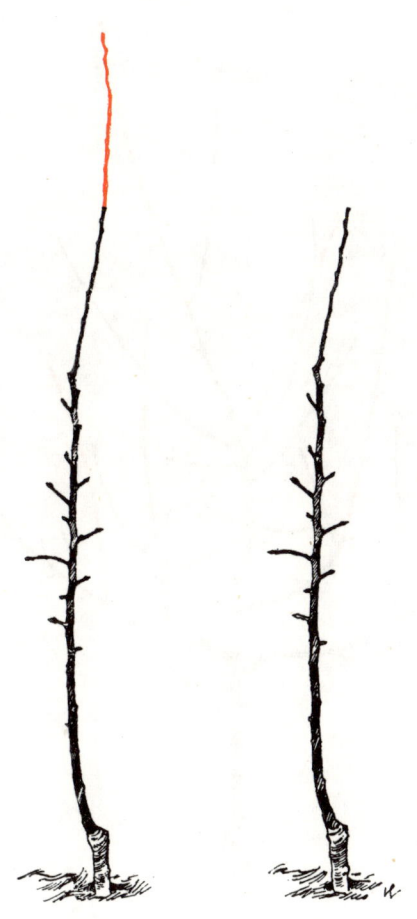

Boskoop/M IX nach einem Standjahr
Im ersten Standjahr hat Boskoop auf Grund seiner erblichen Veranlagung außer der Mitteltriebverlängerung nur einzelne Kurztriebe entwickelt. Um eine gleichmäßige Bekleidung mit nur mittelstarken Trieben zu erreichen, wird außer der schwachen Einkürzung des Mitteltriebes kein weiterer Rückschnitt vorgenommen.

Boskoop / M IX nach 2 Standjahren
Die aus einer zweijährigen Veredlung entwickelte
Krone ist mit zwei seitlichen Leitästen sehr locker und
übersichtlich aufgebaut. Ein ähnlicher Aufbau ist z. B.
bei Berlepsch möglich.

Steile, zu stark entwickelte Jungtriebe wurden bis auf den Astring entfernt; ein Einkürzen der Jungtriebe an Gerüst- und Fruchtästen erfolgte nicht.

Boskoop / M IX nach 10 Standjahren
Günstige Entwicklung eines Baumes aus einer Dichtpflanzung von 4 x 2 m. Bei einer mäßigen Förderung
der Kronenbasis, aber dem Fehlen stärker beschatten-
der Äste im oberen Kronenraum, ist trotz des erblich
starken Wuchses von Boskoop eine Engpflanzung ver-
tretbar.

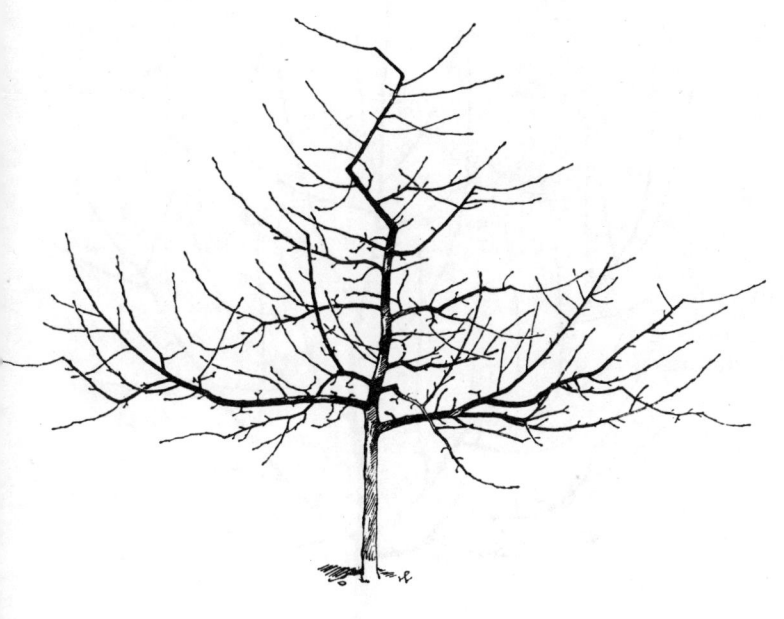

Trotz des günstigen Kronenaufbaus war eine Schnitt-korrektur erforderlich. Kronenbasis und Spitze wurden von zu dichten und steilen Ästen und Jungtrieben befreit. Altes Fruchtholz wurde eingekürzt.

51

Golden Delicious/M IV mit Gerüstaufbau nach 2 Standjahren

Durch die mittelstarken Trieb verursachende Unterlage
M IV hat Golden Delicious eine wesentlich größere
Wuchskraft als in Verbindung mit der Zwergunterlage
M IX (s. S. 32). Der Kronenaufbau auf zwei im Trieb be-
vorzugte Leitäste erfolgt in gleicher Weise wie es für
Cox/IX mit Aufbau (s. S. 40) beschrieben wurde.

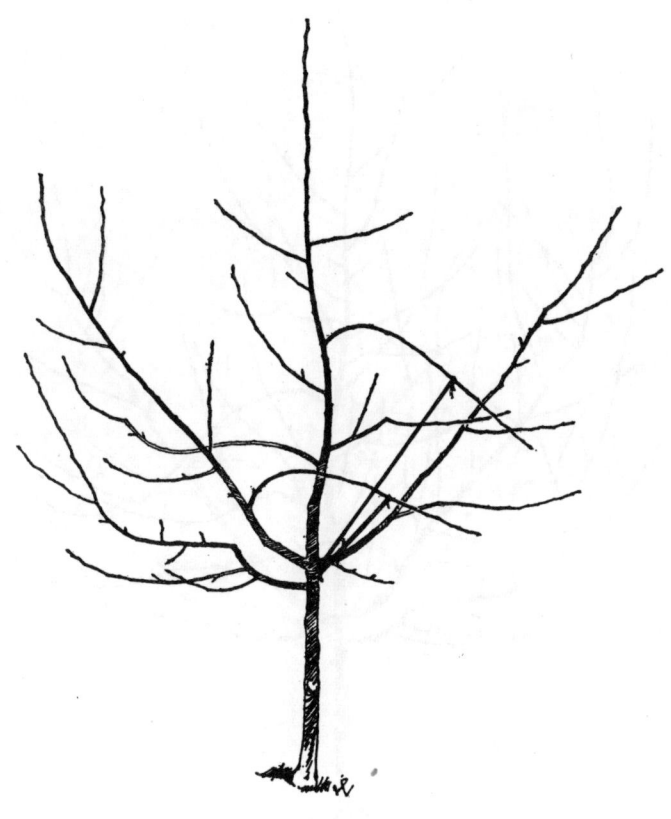

Zu steil stehende und zu zahlreiche einjährige Triebe wurden entfernt oder vereinzelt waagerecht gebunden. Durch dieses Binden werden sie rascher zu Fruchttrieben entwickelt. Die Verlängerungen der Mittelachse und der beiden Seitenäste wurden zurückgeschnitten.

Golden Delicious/M IV mit Gerüstaufbau nach 3 Standjahren
Die Krone hat sich günstig aufgebaut und ist kräftig
ausgetrieben. Der linke seitliche Leitast wächst sehr
stark und stört schon jetzt das Gleichgewicht in der
Gesamtkrone. Die im Vorjahr waagerecht gebundenen
Langtriebe haben bereits Blütenknospen angesetzt.

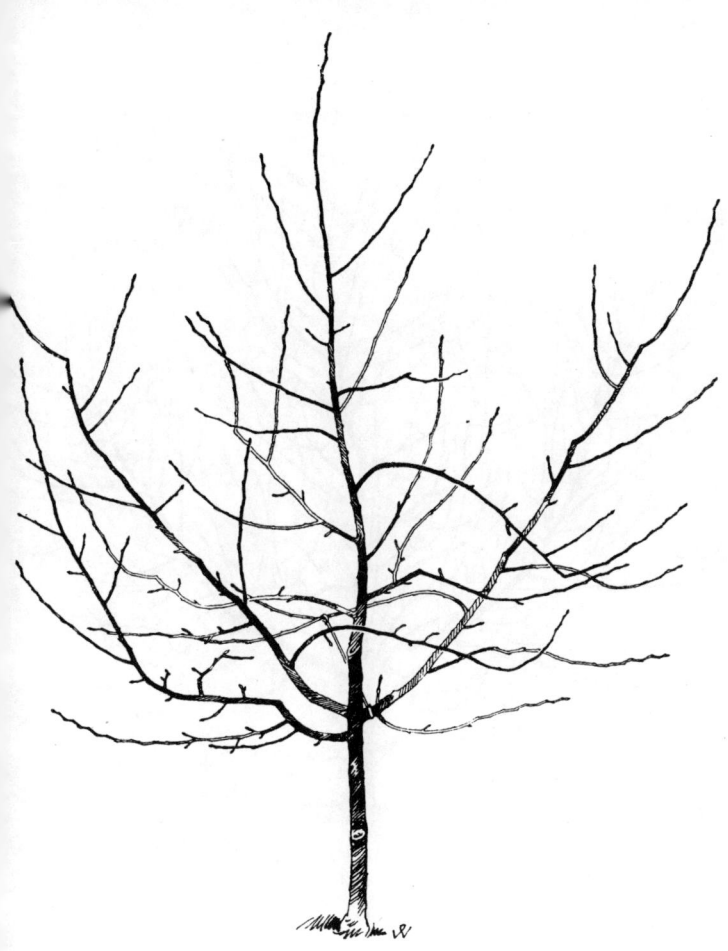

Am linken Seitenast wurden die zu zahlreichen Wasserschosse entfernt. Seine Verlängerung wurde auf einen
etwas schwächeren und flacher stehenden Jungtrieb
abgeleitet. Der zu lange Seitenast rechts wurde etwa
auf die Höhe des linken Leitastes zurückgenommen.
Sonst erfolgte kein weiterer Rückschnitt.

Golden Delicious/M IV mit Gerüstaufbau nach 4 Standjahren
Die Krone wird für eine erdnahe Ernte zu hoch, der
obere Kronenraum beginnt das Innere zu überbauen.
Durch den vorjährigen stärkeren Schnitteingriff sind
hier und an den Leitastspitzen zu viele Jungtriebe entstanden.

Mittelachse und Seitenäste wurden auf flach stehende, schwächere Nebentriebe zurückgenommen, die nicht eingekürzt werden. Zu dicke Äste wurden entfernt oder abgeleitet. Jungtriebe sind auf schwächere, mehr schräg stehende zu beschränken. Überaltertes (bei Golden 3jähriges, bei Cox und Boskoop 4–5jähriges) Fruchtholz wurde fortgeschnitten, um einen erneuten Austrieb anzuregen.

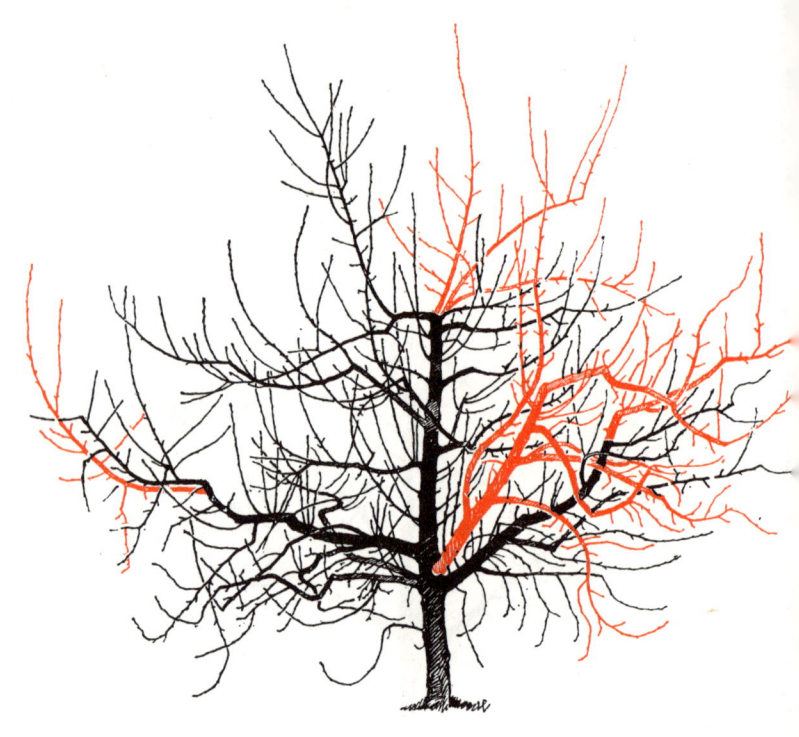

Einschränkung einer 15jährigen Krone
von Golden Delicious / M IV

Die Krone muß so aufgebaut werden, daß ihre Beschränkung in Breite und Höhe den Verkehr in der Arbeitsgasse sicherstellt, die Tragfläche in Erdnähe erhält
und den Lichtzutritt zum Kroneninneren ermöglicht. Zunächst werden stark in die Arbeitsgasse ragende, überbauende und zu sehr in die Breite gehende Äste fortgesägt oder abgeleitet.

Anschließend werden dünnere, sich überkreuzende Äste vor allem im oberen Kronenraum beseitigt oder eingeschränkt. Zu zahlreiche Wasserschosse schneidet man fort. Die vor allem an der Basis vorhandenen älteren, weniger belichteten Fruchtäste, die minderwertige Äpfel bringen, werden entfernt oder auf die Hälfte ihrer Länge eingekürzt.

Der vielfältige und teilweise auch starke Schnitteingriff ergibt eine erdnahe, locker und harmonisch aufgebaute Krone. Da die vielen Schnitte zu einer starken Neutriebbildung führen werden, ist eine mehrjährige systematische Nachbehandlung unerläßlich. Diese sollte mit einem rechtzeitigen Sommerriß (s. S. 20) der steilwachsenden Wasserschosse beginnen.

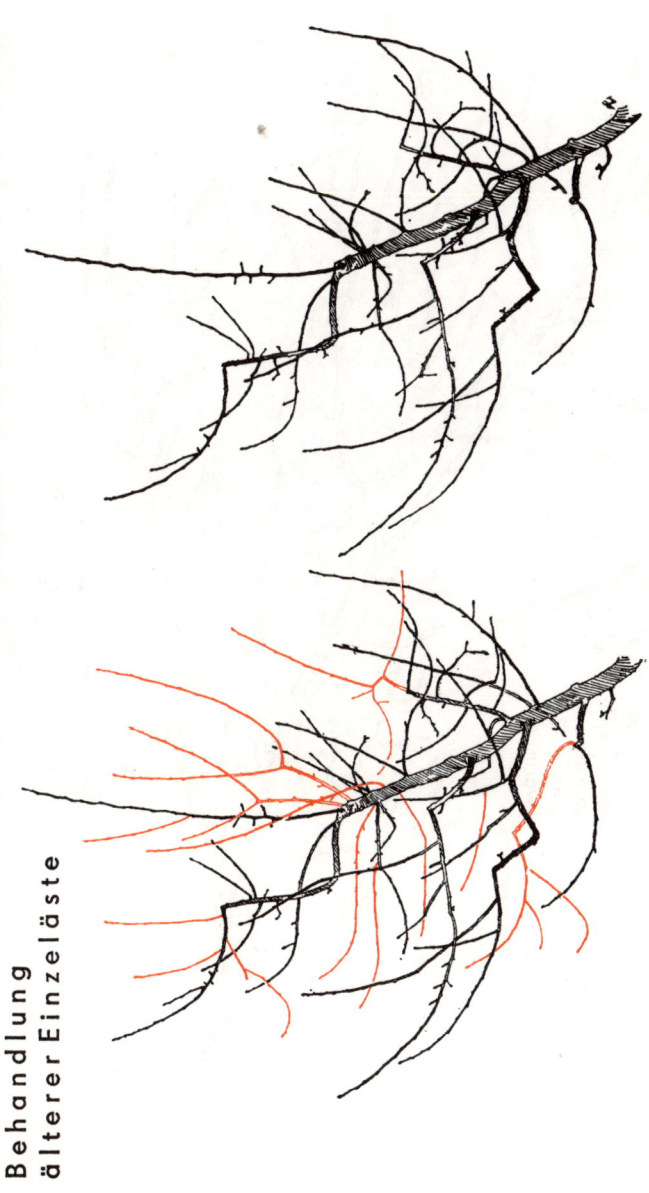

Behandlung älterer Einzeläste

Nachbehandlung eines im Vorjahr abgeleiteten Seitenastes

Alle zu steil und zu dicht stehenden Äste und Triebe werden beseitigt. Von den verbleibenden Jungtrieben werden weder die Astverlängerungen noch das Bekleidungsholz eingekürzt.

61

Überwachungsschnitt
an einem unteren Leitast

Sind etwa im sechsten Standjahr der Grund-
aufbau der Gesamtkrone und das Gleichgewicht zwischen Basis und Spitze gesichert, so
kann der Überwachungsschnitt beginnen. Zunächst werden nach innen und steil wachsende
Triebe auf Astring zurückgenommen.

Regulierung größerer Kronen

**Überwachungsschnitt an starkwach-
nder, freistehender Krone im Sta-
um des Ertragsanstieges**

freientfaltete Krone eines Viertelstammes ist ziem-
günstig aufgebaut, weil von vornherein Wert auf
weite Aststreuung gelegt und jegliche Quirlstel-
vermieden wurde.

An den Seitenästen zweiter und dritter Ordnung entfernt man die zu dicht stehenden Triebe.

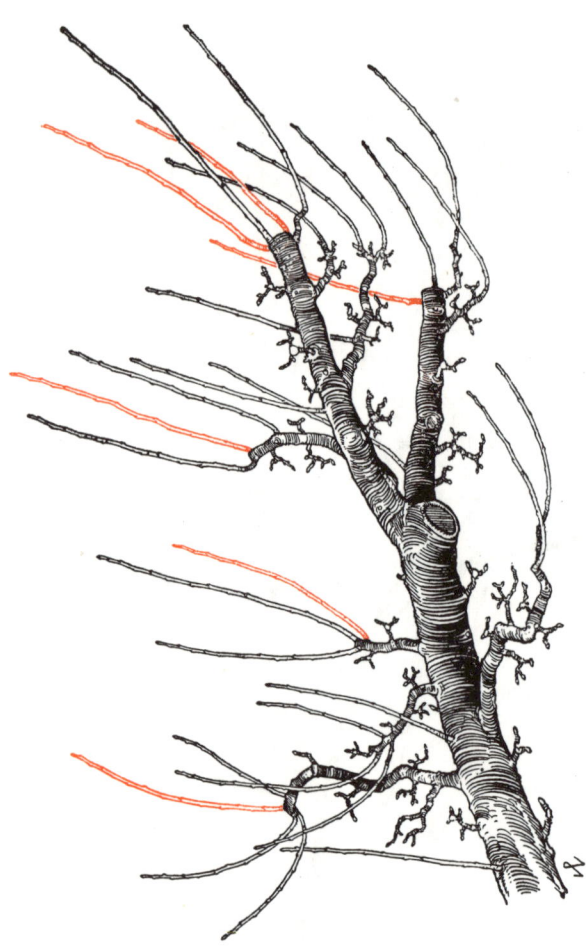

Nachbehandlung eines verjüngten Astes

Zur Sicherstellung der Leitastverlängerung wird ein kräftiger, in Höhe und Richtung günstig stehender Jungtrieb belassen. Die mit ihm konkurrierenden Triebe, „Weidenköpfe" und alle senkrechten und zu zahlreichen Wasserschosse werden für den Fall, daß man sie nicht waagerecht bindet, entfernt.

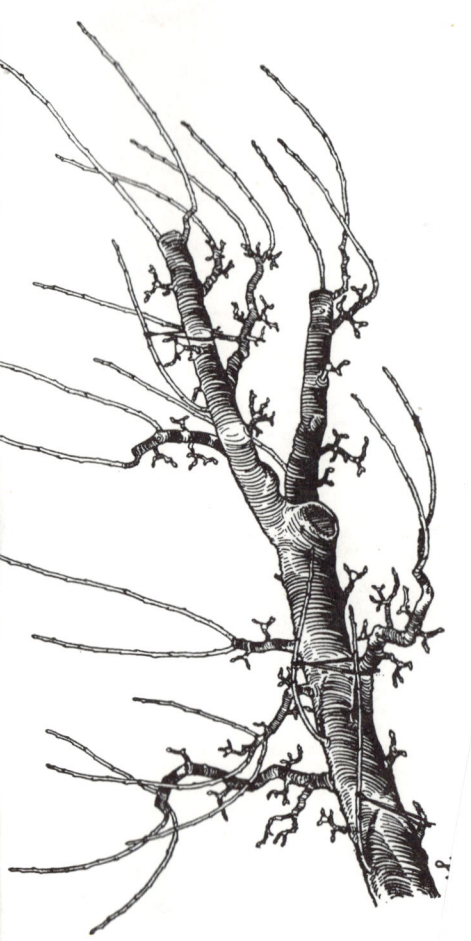

5 Hilkenbäumer, Schnitt der Obstgehölze

...lung und zur Ausbildung von Fruchtholz werden ... Ein Teil der senkrechten Wasser... gewachsenen

Üb
se
di
Die
lich
eine
lung

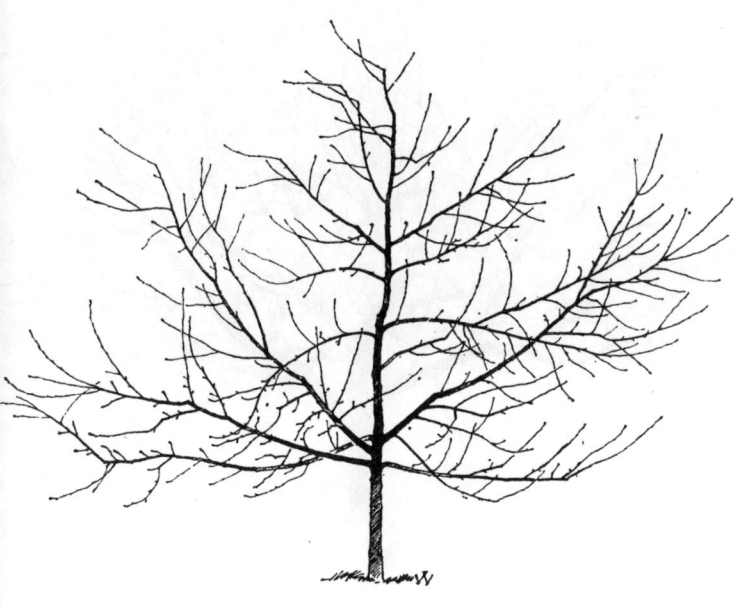

Nach der Beseitigung zu dicht stehender Äste wurden
Mittelachse und führende Gerüstäste auf schräg stehende Jungtriebe abgeleitet. Ein Einkürzen der Jungtriebe unterblieb. Bei einer so ausgedehnten Krone er-
höht sich der Schnitt- und Ernteaufwand gegenüber
der erdnahen Krone auf der schwachen Unterlage
M IX um ein Mehrfaches.

Cox Orange mit zu breiter und hoher Krone nach 12 Standjahren
Der erforderliche starke Schnitteingriff wird zweckmäßig auf mehrere Jahre verteilt. Im 1. B e h a n d l u n g s - j a h r wird der in die Arbeitsgasse ragende starke Ast ebenso abgesägt wie überbauende und das Kronen- gleichgewicht störende größere Äste. Die vor allem an den Schnittwunden entstehenden zahlreichen Jung- triebe werden zweckmäßig durch Sommerriß beseitigt.

Im 2. J a h r werden die noch zu dicht stehenden Äste zusammen mit den an ihnen durch den scharfen Schnitteingriff entstandenen einjährigen Trieben entfernt.

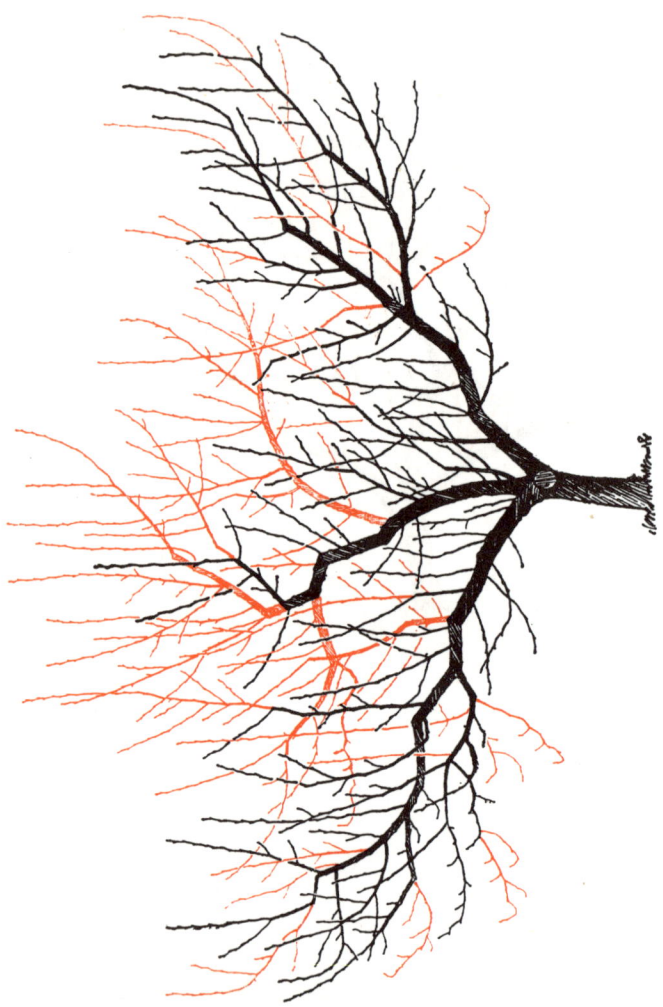

Im oberen Teil der Krone haben sich erneut zahlreiche Jungtriebe gebildet. Im **3. Jahr** ist deshalb ein Schnitteingriff erforderlich. Stärkere Äste an der Stammverlängerung werden abgesägt. Ein Teil der senkrecht wachsenden Jungtriebe ist durch Sommerriß zu entfernen. Das ältere Fruchtholz an den Basisästen wird fortgeschnitten oder eingekürzt.

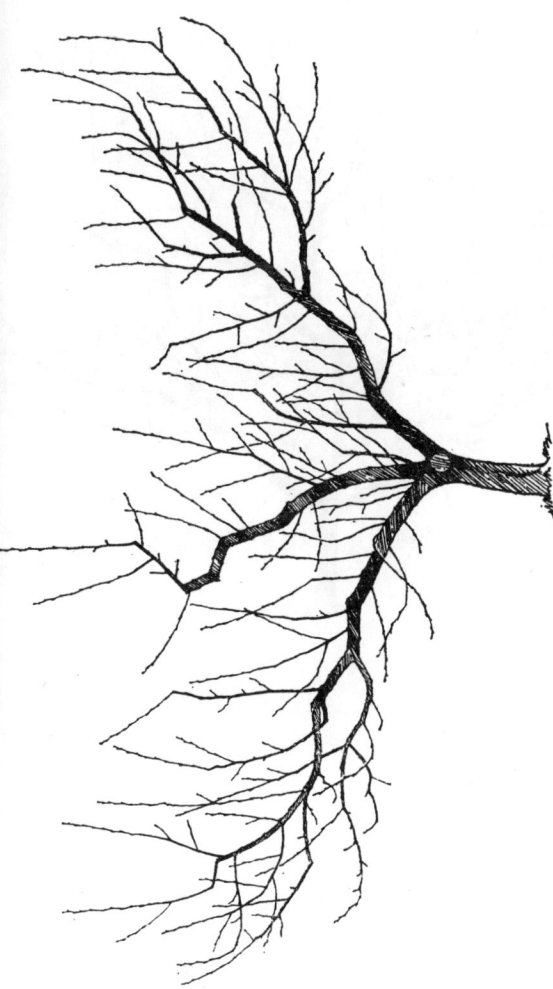

So entsteht eine erdnahe, allseits mit jungem Fruchtholz bekleidete Krone. Durch eine starke Zurücknahme und Auslichtung der Stammverlängerung herrscht jetzt physiologisches Gleichgewicht zwischen Basis und Spitze. Der so abgeflachte Baum läßt auch genügend Bewegungsfreiheit in der Arbeitsgasse.

Umgepflanzter 15jähriger Cox/M IX
nach 2 Jahren am neuen Standort
Zum besseren Anwachsen wurde die Krone bei der
Umpflanzung kaum geschnitten. Durch größere Äste
ist ihre Basis überbaut. Deswegen wurde ein stärkerer
Schnitt erforderlich.

Ein Leitast wurde entfernt, um die Arbeitsgasse freizu-
halten. Zwei überbauende und abgeflachte Äste wurden ebenfalls abgesägt. An dem verbleibenden erdnahen Astgerüst waren nur noch Wasserschosse und
überaltertes Fruchtholz fortzuschneiden.

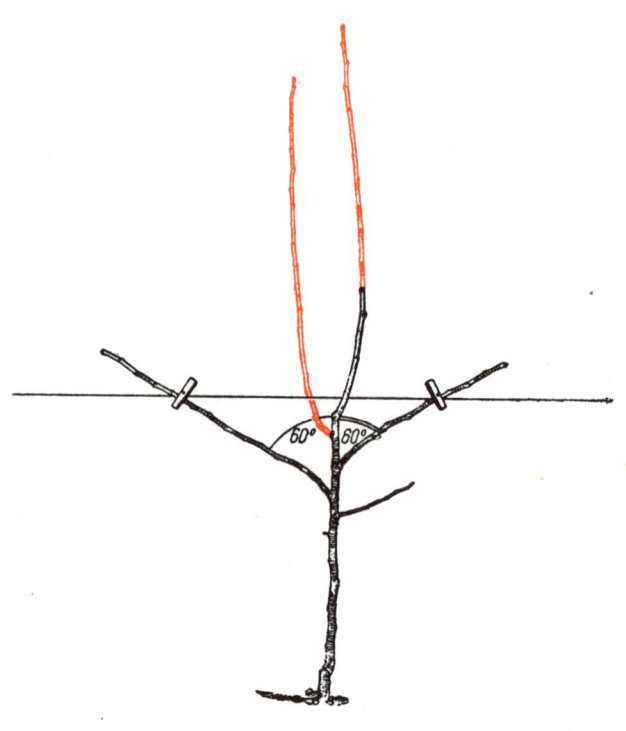

Erziehung von Kernobstspalieren

Einjährige Krone

Im Gegensatz zur Spindel wird der Mitteltrieb zugunsten der Seitentriebe scharf zurückgeschnitten, die ihrerseits nur wenig eingekürzt werden. Die Seitentriebe werden im Winkel von 60 Grad an den Spanndraht geheftet.

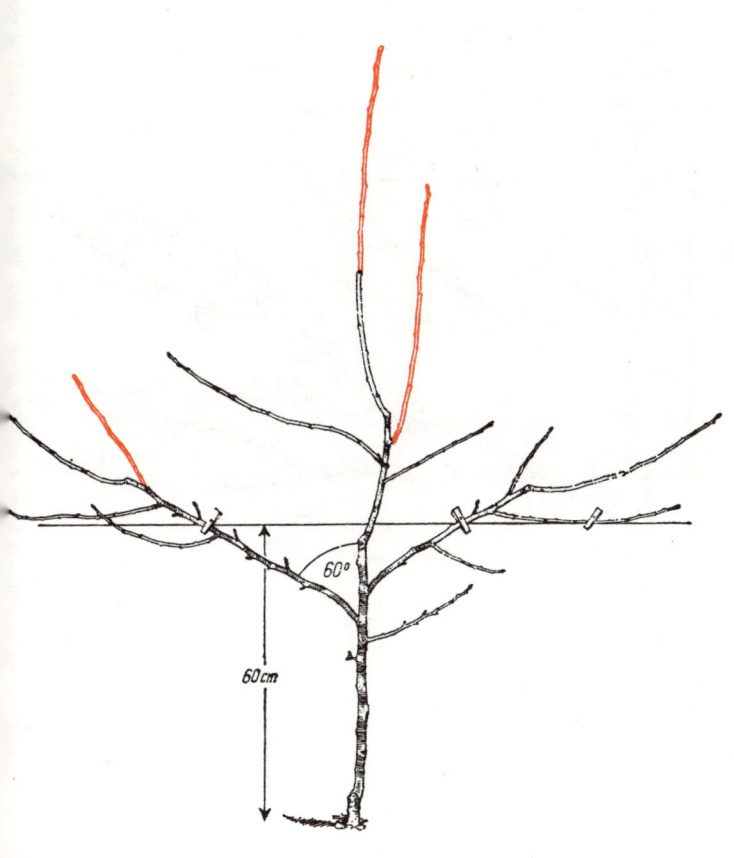

Zweijährige Krone

Im folgenden Jahr wird der Mitteltrieb auf etwa die Hälfte zurückgenommen. Junge Konkurrenztriebe werden entfernt. Die dann austreibenden starken Seitentriebe werden ab Mittsommer schräg an den Spanndraht gebunden und im folgenden Herbst nicht mehr zurückgeschnitten.

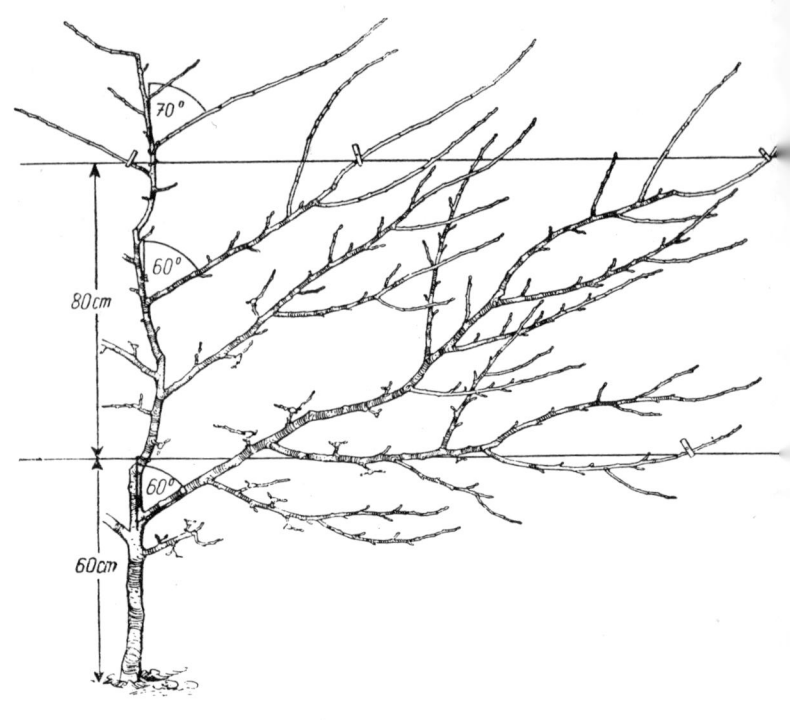

Vierjährige Krone

Bei entsprechender Triebstärke werden in den folgenden Jahren höher liegende Etagen entwickelt. Die Seitentriebe an der Basis müssen die Führung auf Kosten der Kronenspitze behalten. Durch die deutliche Schrägstellung wird die Gefahr ihrer Verkahlung vermindert.

Schnitt von Birne

Schnitt von Sorten mit unterschiedlichem Kronenaufbau

Lucas/Quitte ohne Gerüstaufbau nach einem Standjahr

Zu starke und steilstehende Seitentriebe werden völlig entfernt oder vereinzelt zur Förderung der Fruchtknospenbildung – ohne Rückschnitt – waagerecht gebunden. Der überlange Mitteltrieb wird ebenso eingekürzt wie die wegen ihrer Länge das Gleichgewicht störenden Seitentriebe. Besondere Aufbauäste werden nicht entwickelt.

77

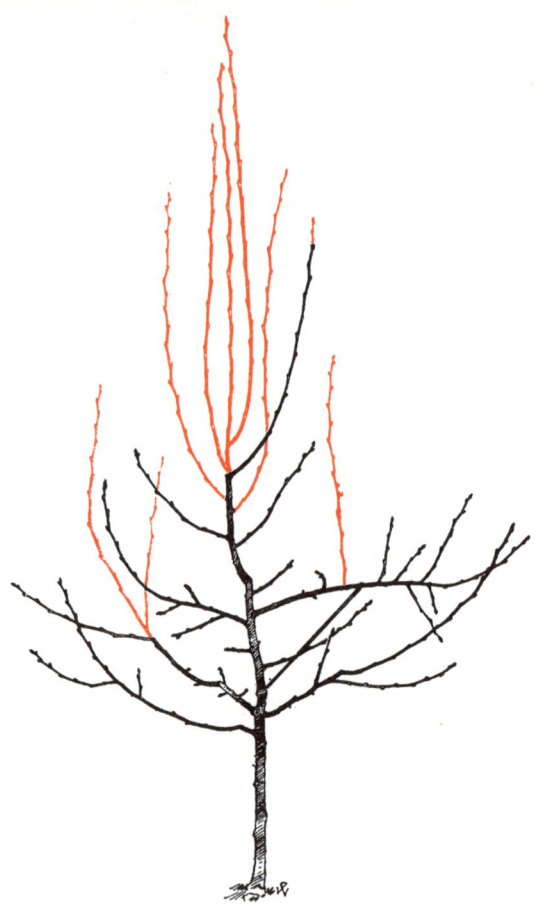

Lucas/Quitte ohne Gerüstaufbau nach 2 Standjahren

An den günstig mit Kurztrieben bekleideten Basisästen beginnt die bei Birne schwierige Ausbildung von Fruchtknospen. Das Belassen der Verlängerung der Mittelachse dient der Spitzenregulierung, um ein späteres Überbauen der physiologisch schwächeren Kronenbasis zu vermeiden.

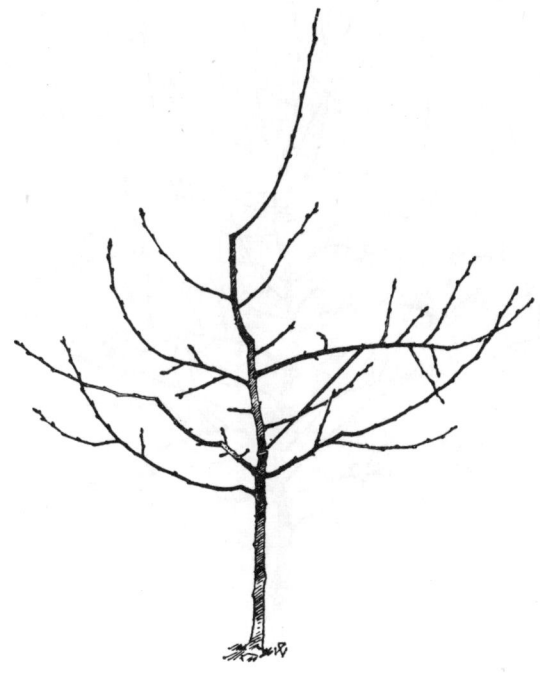

Durch Ableiten und Waagerechtbinden wird die Fruchtknospenbildung im unteren Kronenbereich gefördert. Steile Wasserschosse an Basisästen wurden entfernt. Die steilen Spitzentriebe wurden durch Ableiten der Mittelachse auf einen schrägen und schwächeren Holztrieb beseitigt. Durch Entfernung des Konkurrenztriebes wird die Achsenverlängerung gesichert. Diese wurde nur wenig zurückgeschnitten.

Lucas/Quitte ohne Gerüstaufbau
nach 5 Standjahren

Der Baum ist in seinem Triebwachstum schon zur Ruhe
gekommen. Einige Äste und senkrechte Jungtriebe stö-
ren das Gleichgewicht im unteren und oberen Kronenbereich. Die Ausbildung schwacher, mehr schräger Nebentriebe ist die Gewähr für eine raschere und reichere
Blütenbildung.

Zu dicht stehende Äste wurden ebenso entfernt wie der
stärkere Steiltrieb in der Kronenspitze und die einzelnen senkrecht stehenden Wasserschosse. Einzelne,
überalterte und verkahlte Fruchtäste wurden bereits
zurückgeschnitten.

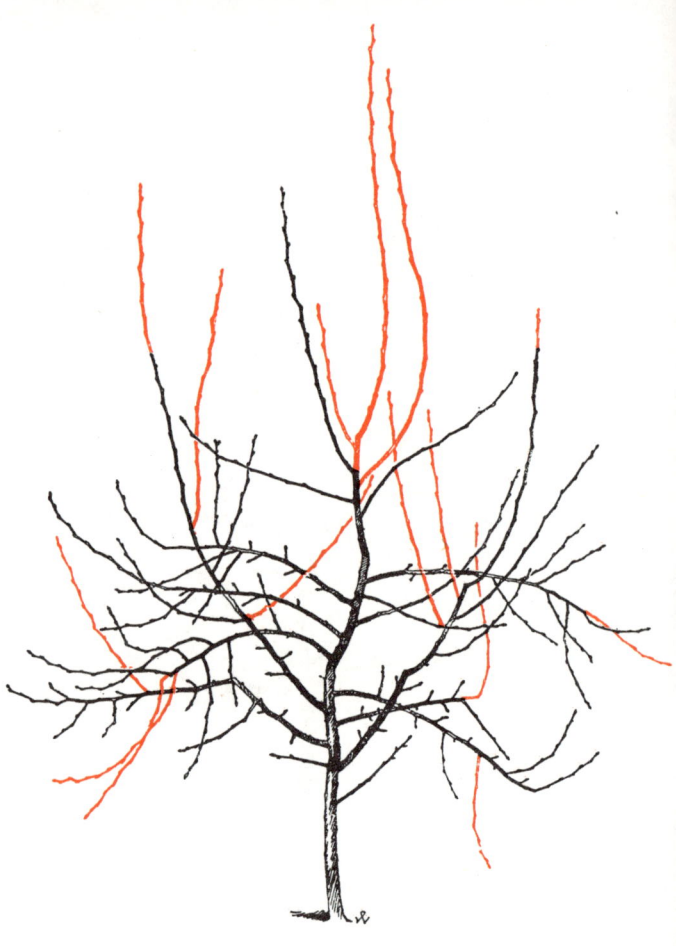

Lucas/Quitte mit Gerüstaufbau nach 3 Standjahren

Im Gegensatz zu den vorigen Kronen wurden seitliche, im Wachstum geförderte Leitäste aufgebaut. Sie unterscheiden sich durch die steilere Winkelstellung deutlich von den übrigen ungeschnittenen Tragästen. Diese Art der Erziehung ist an Rund- und Flachkronen möglich.

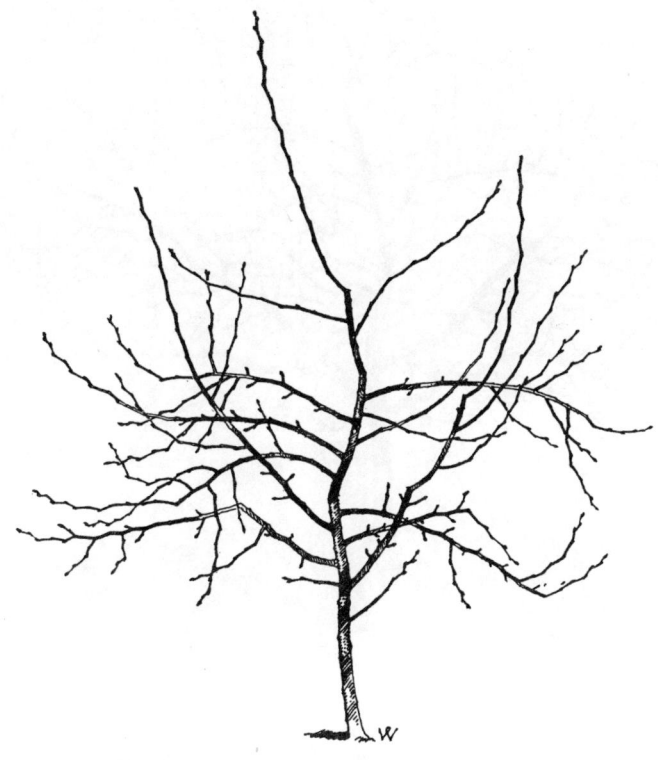

Die Mittelachse wurde auf einen tiefer stehenden Jungtrieb abgeleitet und schwach eingekürzt. Die beiden
seitlichen Leitäste wurden von Reitern bzw. zu engen
Vergabelungen befreit und auf eine Höhe zurückgeschnitten.

Lucas/Quitte als Flachkrone nach 10 Standjahren

Ein deutlicher Kronenaufbau aus einer schwachen Mittelachse und flachstehenden, kräftigen seitlichen Leitästen ist zu erkennen. Alle anderen Zweige sind Fruchtäste, deren Fruchtholz teilweise durch den Ertrag bereits so geschwächt ist, daß eine Einkürzung zur erforderlichen Neutriebbildung notwendig wird.

Der Schnitteingriff in der physiologisch weitgehend aus-
geglichenen Krone ist relativ gering. Durch weitere Einschränkung des Astgerüstes an der Mittelachse werden
Überbauungen und Beschattung des unteren Kronen-
raumes verhindert. Behindernde Wasserschosse wurden zurückgenommen. Schwächere zweijährige, auch
steiler stehende Fruchtäste an allen Teilen der Krone
kürzt man ein.

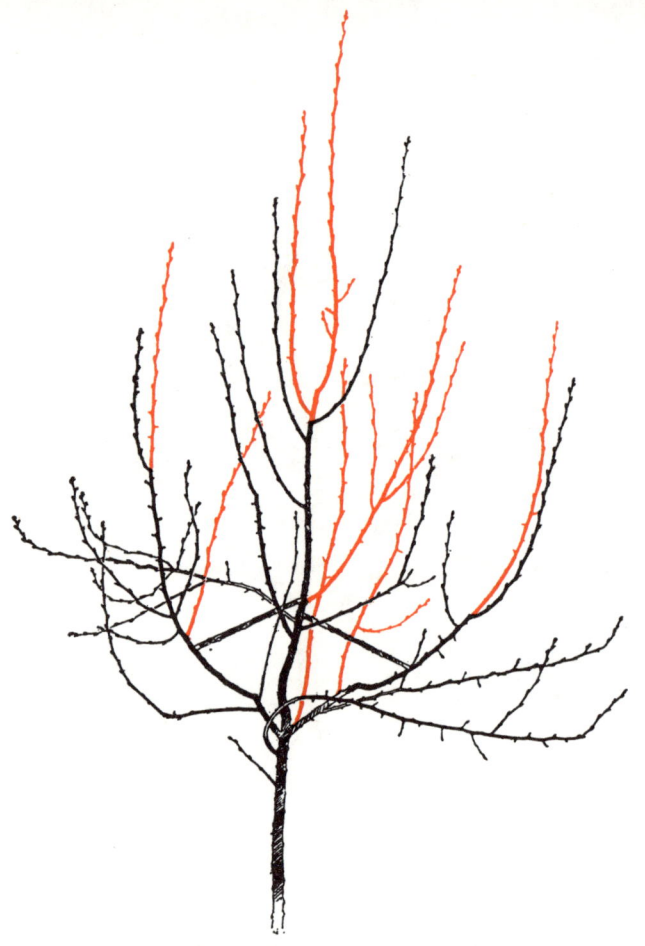

**Conference/Quitte mit Gerüstaufbau
nach 3 Standjahren**

Im Gegensatz zu Lucas wächst diese Sorte stärker und'
steiler. Die hier schwierigere Kronenerziehung wird
durch einen systematischen Aufbau der Krone erleichtert. Hierbei ist das vereinzelte Spreizen oder Binden
von Trieben bzw. Ästen eine wesentliche Hilfe.

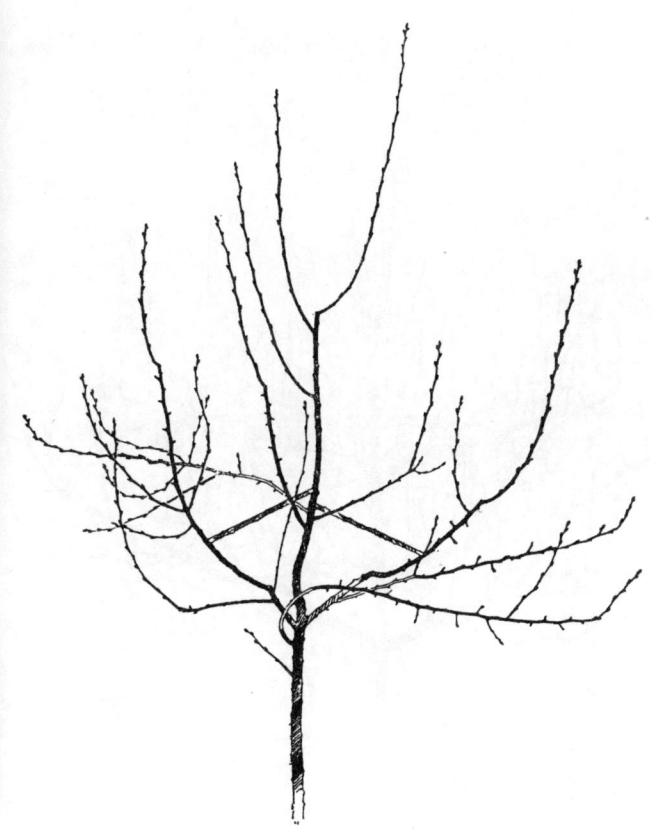

Auch hier wurde die Mitte durch Ableiten in ihrer
Wuchskraft gedämpft. Steile Äste wurden ebenso fortgeschnitten wie Wasserschosse. Auch durch Abspreizen
wird der Steilwuchs gehemmt. Falls erforderlich, werden nur die jungen Leitastverlängerungen etwas zurückgenommen. Zur Förderung der Fruchtknospenbildung werden vereinzelt etwas schwächere, einjährige
Reiter in der Krone belassen und erst im zweiten Jahr
nach ihrer Blütenausbildung auf die Hälfte eingekürzt.

Conference/Quitte mit Gerüstaufbau nach 10 Standjahren

Im Vorjahr wurden die Äste im oberen Kronenraum erheblich zurückgenommen. Dies führte in diesem Bereich zu starker Jungtriebbildung. Vor allem hier ist eine weitere Einschränkung erforderlich, um die erdnahen Kronenteile in ihrer Entwicklung und Leistung zu fördern.

Mit dem Fortschnitt der störenden Äste am Altwuchs erfolgte gleichzeitig eine Beseitigung der zahlreichen Wasserschosse. Durch rechtzeitigen Sommerriß hätte man ihre zu starke Ausbildung von vornherein unterbinden können (s. S. 20). Das Einkürzen der zweijährigen Fruchtäste bis auf die Hälfte ihrer Länge ist für einen sicheren und baldigen Fruchtansatz wichtig.

**Auslichtungs-
schnitt**

Auslichtungsschnitt an einer ungeschnittenen Birnenjungkrone
Nach Beseitigung der zu dicht stehenden Hauptäste
werden auch alle nach innen wachsenden, sich reiben-
den und kreuzenden Nebenäste gänzlich entfernt oder
auf Fruchtholzlänge zurückgenommen.

Anschließend erfolgt ein schwacher Rückschnitt (evtl. in älteres Holz) der zu langen Äste. Zwischen Spitze und Basis soll bei Birnen ein Winkel von 90 Grad und bei Äpfeln, Süßkirschen und Pflaumen ein solcher von 120 Grad angestrebt werden. Die oberen Leitäste werden zweckmäßig abgespreizt.

Bei dem Auslichten gilt es vor allem, einzelne größere Äste fortzuschneiden, um das Kronengerüst genügend licht zu gestalten und die Bildung von Neutrieben zu fördern.

Schnitt von Steinobst

Für den Aufbau des Kronengerüstes gelten die gleichen Grundsätze wie bei Kernobst. Da sich Nebenäste vielfach schwächer entwickeln als bei Apfel und Birne, kann man neben dem Mitteltrieb bei Pflaume, Schattenmorelle und Pfirsich 4, bei Süßkirsche, Mirabelle und Aprikose 5 Seitentriebe erster Ordnung entwickeln. Zum Aufbau nicht benötigte Nebentriebe können zur Ertragsbeschleunigung in der Jungkrone ohne Rückschnitt dann belassen werden, wenn sie den Leittrieben durch Schräg- oder Waagerechtstellen untergeordnet sind. Die Erziehung von abgeplatteten Kronen nach dem Beispiel auf S. 100–101 ist bei Schattenmorelle, Pfirsich und Aprikose durchführbar.

In ihrer Leistung bald nachlassende Pflaumensorten und Mirabellen, vor allem aber Schattenmorellen und Pfirsiche, sollten zur Erhaltung und Ausbildung kräftiger Jungtriebe und größerer Früchte – auch an der Kronenbasis – nach Abschluß des Kronenaufbaues einem Überwachungsschnitt unterzogen werden. Man entfernt rechtzeitig und laufend zu dicht stehende, verkahlte und hängende Äste.

Süßkirchen – und von Natur aus wenig verkahlende Sauerkirschsorten – bedürfen nach Aufbau ihres Kronengerüstes kaum eines Überwachungsschnittes.

Bei Pfirsich muß über die Auslichtung hinaus nach einigen Standjahren zur stärkeren Blütenbeschränkung und Fruchtvergrößerung ein Fruchtholzschnitt durch Einkürzen der Jungtriebe vorgenommen werden.

Alle Steinobstarten und -sorten werden dann einem Verjüngungsschnitt nach den Beispielen von S. 106 bis 108 unterworfen, wenn trotz höherer Nährstoffgaben eine starke Verkahlung einsetzt und Jungtriebbildung und Fruchtgröße merklich nachlassen.

Schnitt von Schattenmorelle

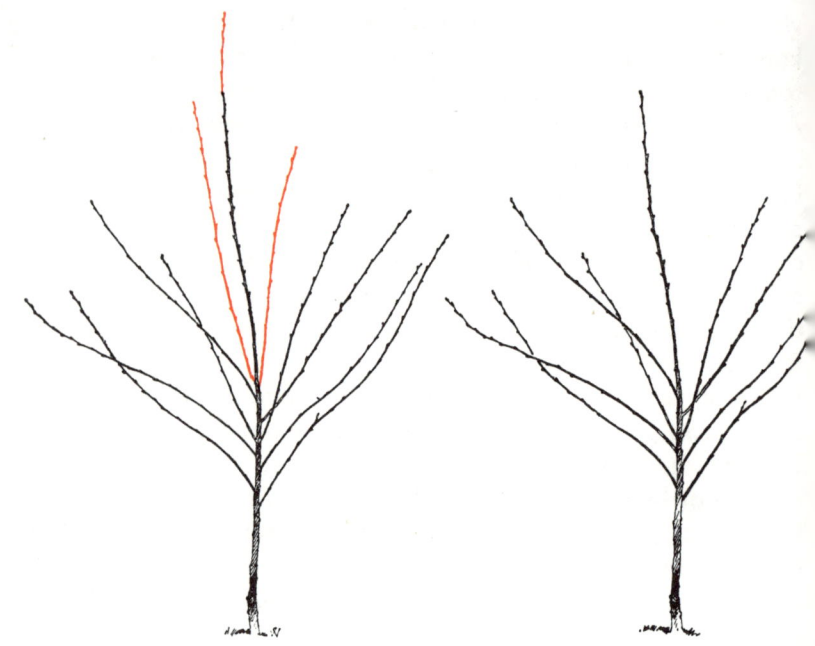

Pflanzschnitt an einer einjährigen Schattenmorelle

Da die Krone von Schattenmorellen möglichst erdnah sein soll, um vom Boden aus ernten zu können, werden die am Stamm tiefer liegenden vorzeitigen Triebe – vor allem die weniger steilstehenden – erhalten. Nur der Mitteltrieb wird etwas zurückgeschnitten. Dieser schonende Schnitteingriff fördert schon in den ersten Jahren nach der Pflanzung eine günstige Baumentwicklung.

Pflanzschnitt an einer zweijährigen Schattenmorelle

Einfacher ist der Aufbau einer 2jährigen Krone mit locker verteilten Seitentrieben. Steilstehende Konkurrenztriebe werden ganz entfernt, steile Seitentriebe können im Einzelfall schräg gebunden werden. Durch diese Maßnahme entstehen größere Kronengerüste. Kopfveredlungen werden durch Ableiten auf einen Hauptast beschränkt, der nicht eingekürzt wird.

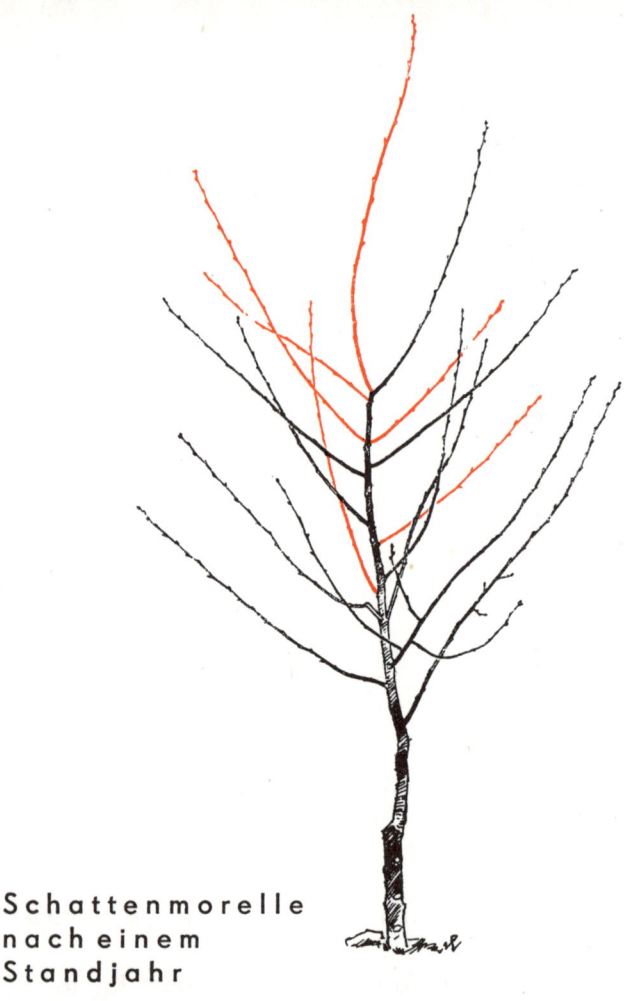

Schattenmorelle
nach einem
Standjahr

Die Jungkrone von Seite 95 hat sich weiter günstig aufgebaut. Die Seitentriebe sind so locker an der Stammverlängerung verteilt, daß sie sich auch künftig im Kronenraum und in ihrem Ansatz an der Mittelachse nicht
behindern. Bei einer solchen Winkelstellung zur Mitte
ist ein Ausbrechen selten.

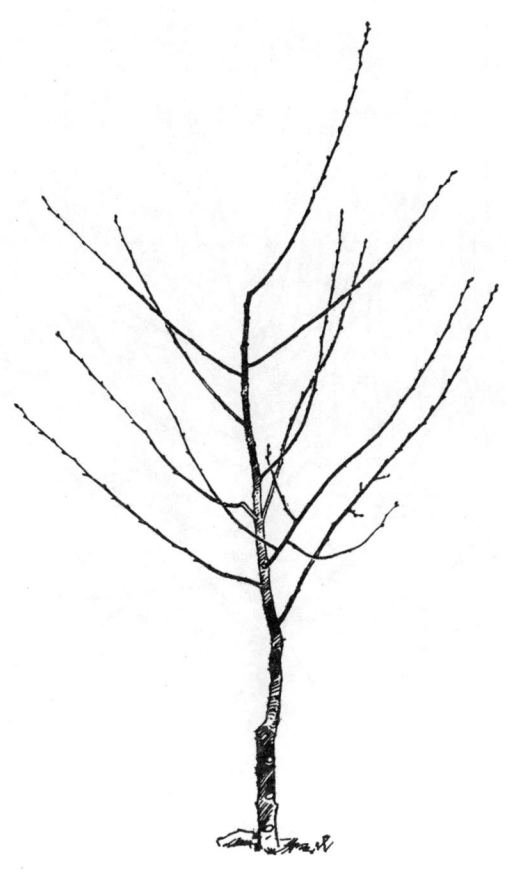

Wie beim Kernobst wird die Mittelachse abgeleitet. Mit dem neuen Mitteltrieb konkurrierende Seitentriebe an der Spitze wurden ebenso entfernt wie zu eng stehende Triebe im Innern der Krone.

Rundkrone von Schattenmorelle nach 5 Standjahren

Auf den Seiten 98–101 wird der unterschiedliche Aufbau von gleichaltrigen Rund- und Flachkronen gezeigt. Die Rundkrone wird mit einer ausgeprägten Mittelachse und drei seitlichen Leitästen erzogen. An ihnen haben sich vielfach verzweigte Kronenteile entwickelt.

Mittel- und Seitenäste wurden auf schräg stehende Triebverlängerungen abgeleitet. Konkurrenztriebe entfernt man grundsätzlich. Zu dicht stehende Jungtriebe, vor allem im oberen Kronenraum, werden ebenso beseitigt wie ältere, schon stärker verkahlte. Das zeitraubende Einkürzen von Jungtrieben ist nicht mehr üblich, da scharf geschnittene Schattenmorellen geringeren Ertrag bringen.

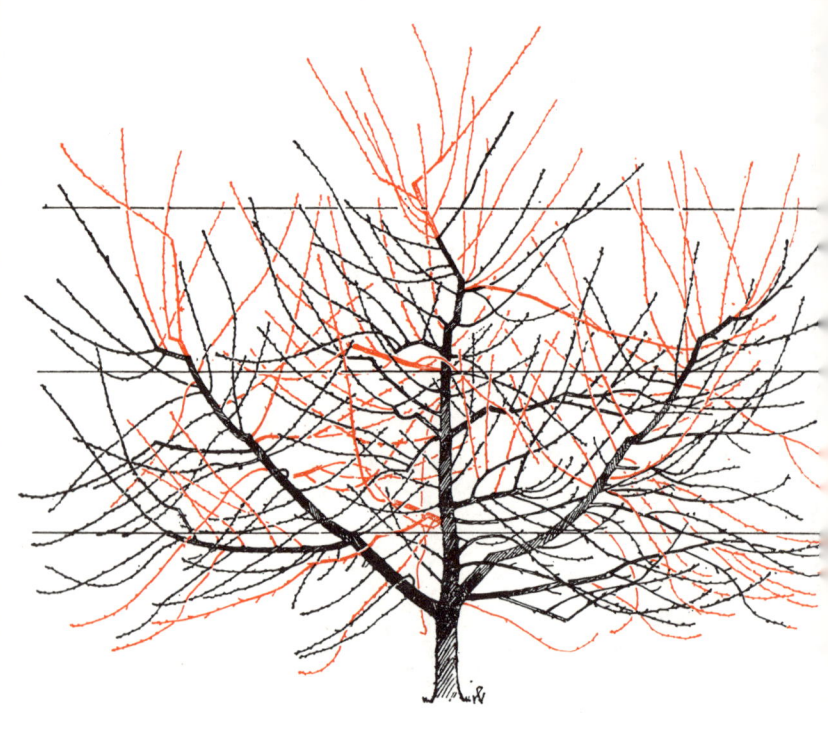

Flachkrone von Schattenmorelle nach 5 Standjahren

Von den Steinobstarten läßt sich die Schattenmorelle am leichtesten als Flachkrone aufbauen und als solche halten. Sie wird mit nur zwei seitlichen Leitästen erzogen. Die Mittelachse überragt die Seitenäste kaum. Eine deutliche Einschränkung der oberen Kronenteile durch Ableiten von Ästen und Beseitigung von Jungtrieben ist erforderlich, um auch das Kroneninnere genügend zu belichten und ohne Behinderung beernten zu können.

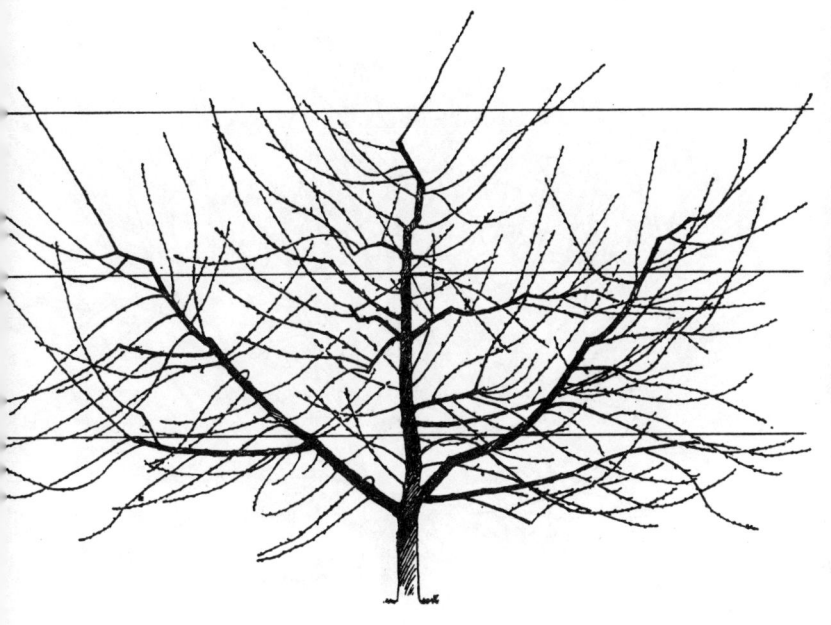

Neben dem Ableiten von Ästen müssen vor allem steile
Jungtriebe auf der Oberseite der Leitäste entfernt werden. An der Basis ist überaltertes, zu verkahltes Fruchtholz auf Jungtriebe zu leiten oder ganz fortzuschneiden.
Ein Rückschnitt der Jungtriebe — wie in früheren Jahren
üblich — erfolgt auch hier nicht mehr.

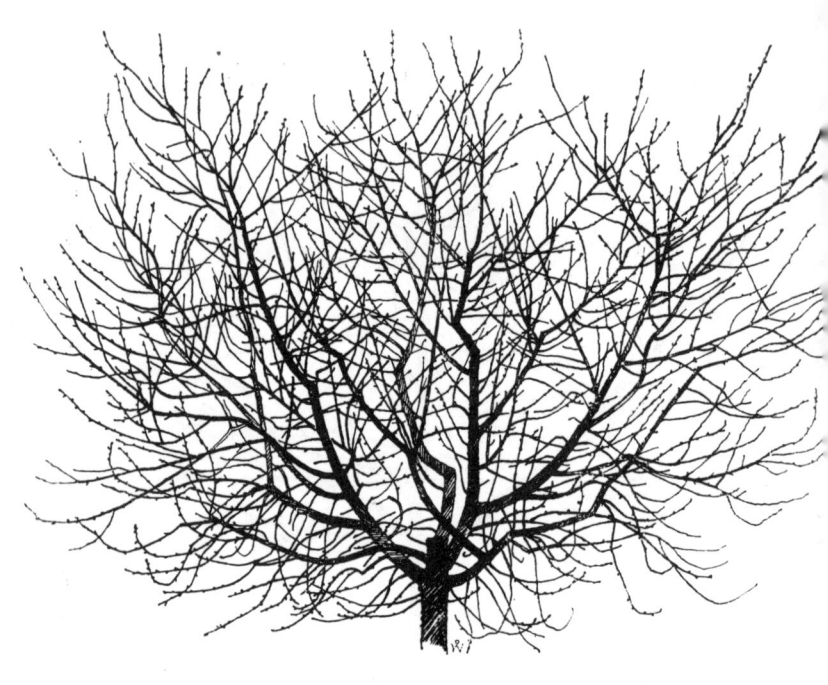

Kaum geschnittene Schattenmorelle nach 10 Standjahren
Die Krone war nach 5 Standjahren erstmals geschnitten worden. Dabei wurden die Stammverlängerung und einzelne steile Seitenäste entfernt.

102

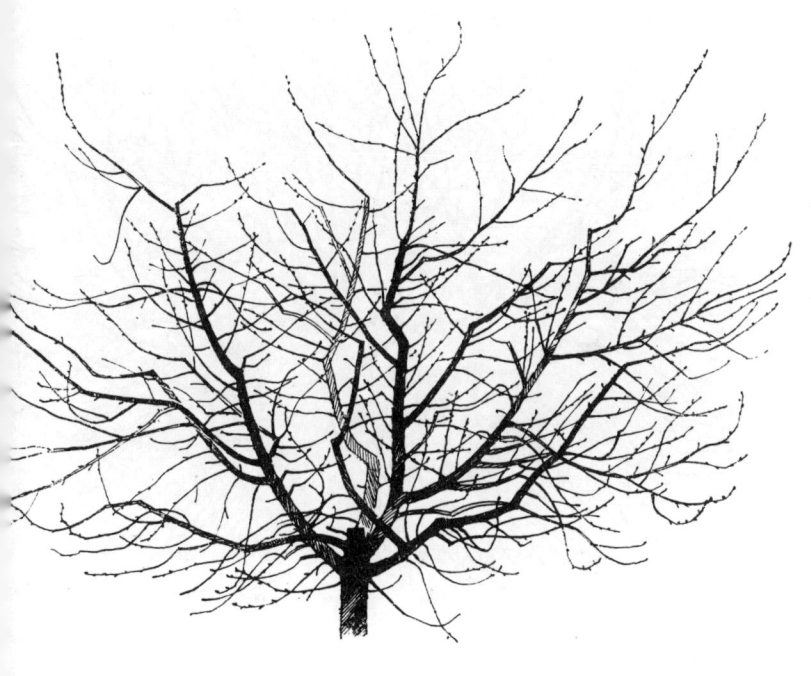

Nach 10 Jahren wurden — bei weitgehender Schonung des Grundgerüstes — wiederum einzelne Äste im Inneren der Krone und abgetragene Fruchtäste oder behindernde Jungtriebe fortgeschnitten.

Schattenmorelle, bis zum 10. Standjahr nicht geschnitten
Die niemals geschnittene und schon weitgehend überalterte Krone brachte die höchsten Erträge von geringerer Qualität, die schwierig zu ernten waren. Sie ist in einer geschlossenen Obstanlage ohne größeren Schnitteingriff kaum noch zu erhalten.

Im 1. Behandlungsjahr wurden zunächst überflüssige, vor allem im Inneren stehende, größere Äste entfernt. Die Stammverlängerung wurde beseitigt und so eine Hohlkrone angestrebt. Schon dieser Eingriff wird die Jungtriebbildung anregen. Ein weiterer Schnitt im 2. Jahr erfolgt wie auf Seite 103 dargestellt.

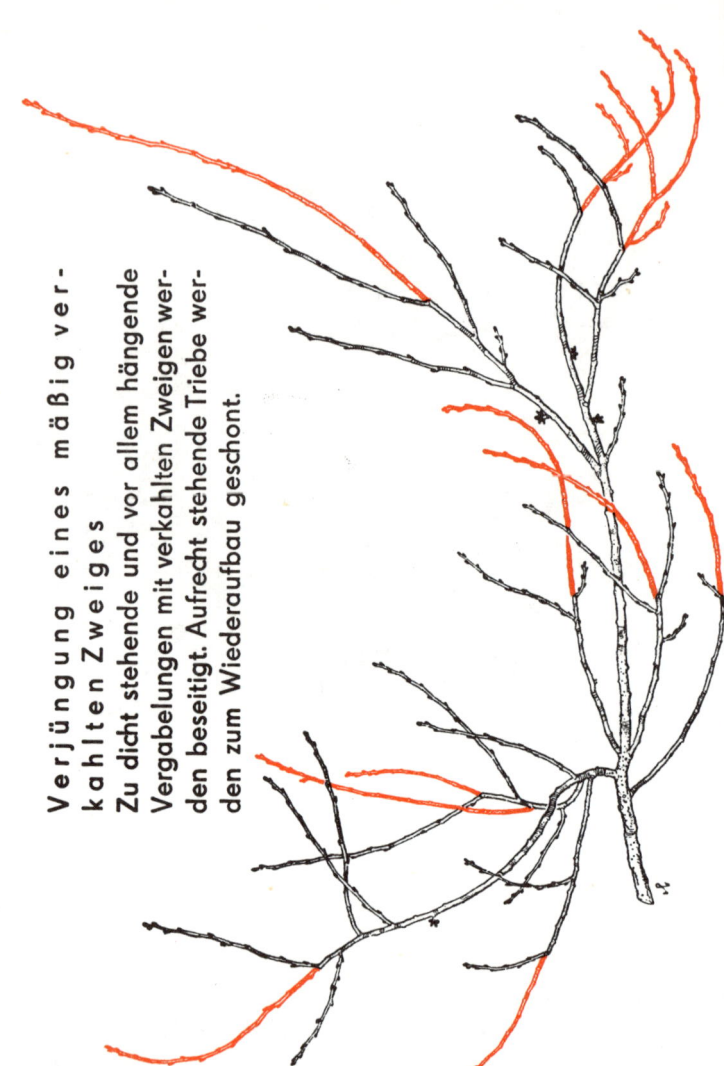

Verjüngung eines mäßig verkahlten Zweiges

Zu dicht stehende und vor allem hängende Vergabelungen mit verkahlten Zweigen werden beseitigt. Aufrecht stehende Triebe werden zum Wiederaufbau geschont.

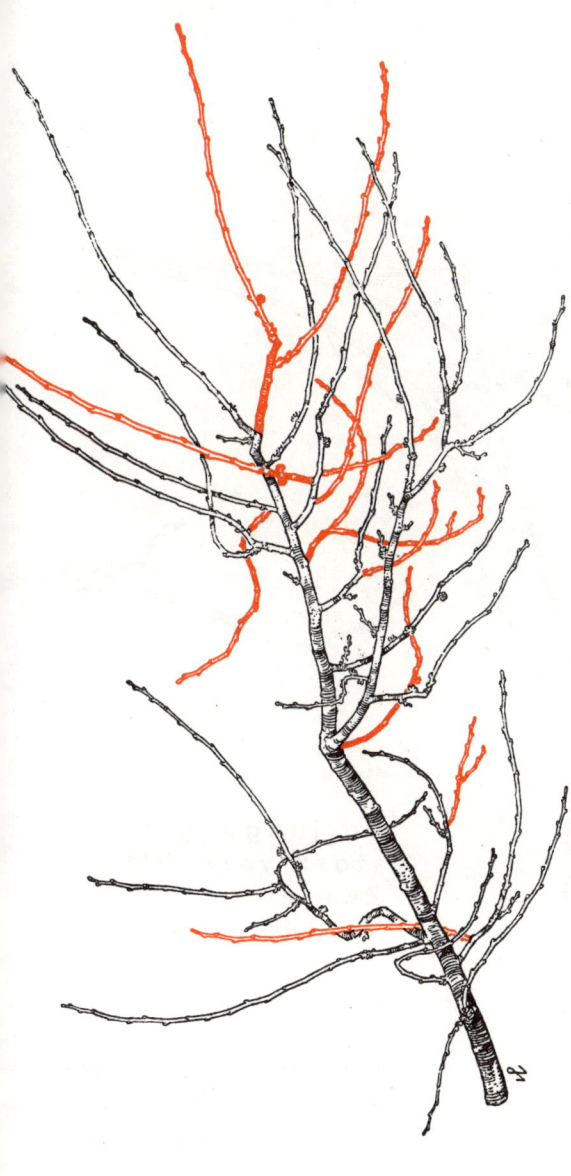

Nachbehandlung eines ausgetriebenen verjüngten Zweiges

Durch den Rückschnitt ist in allen Teilen der Krone ein kräftiger Austrieb erfolgt und die Verkahlung rasch beseitigt. Die zu zahlreichen und schlecht im Raum verteilten Triebe werden entfernt.

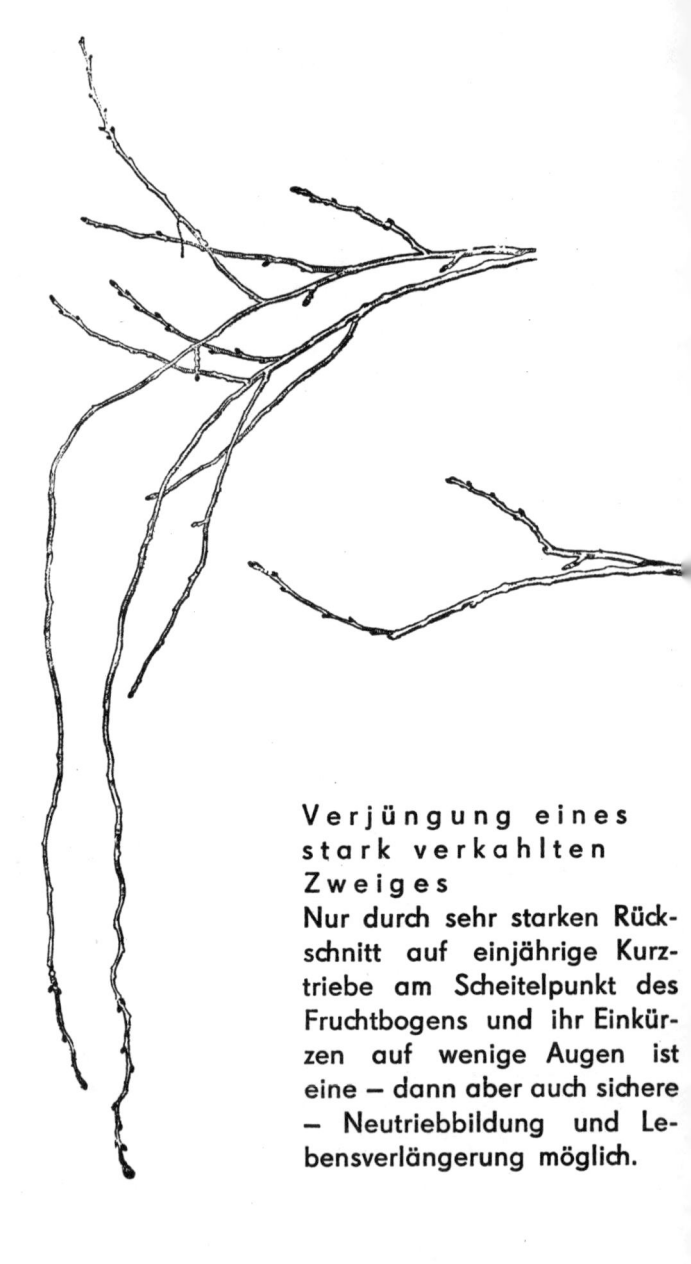

Verjüngung eines stark verkahlten Zweiges

Nur durch sehr starken Rückschnitt auf einjährige Kurztriebe am Scheitelpunkt des Fruchtbogens und ihr Einkürzen auf wenige Augen ist eine – dann aber auch sichere – Neutriebbildung und Lebensverlängerung möglich.

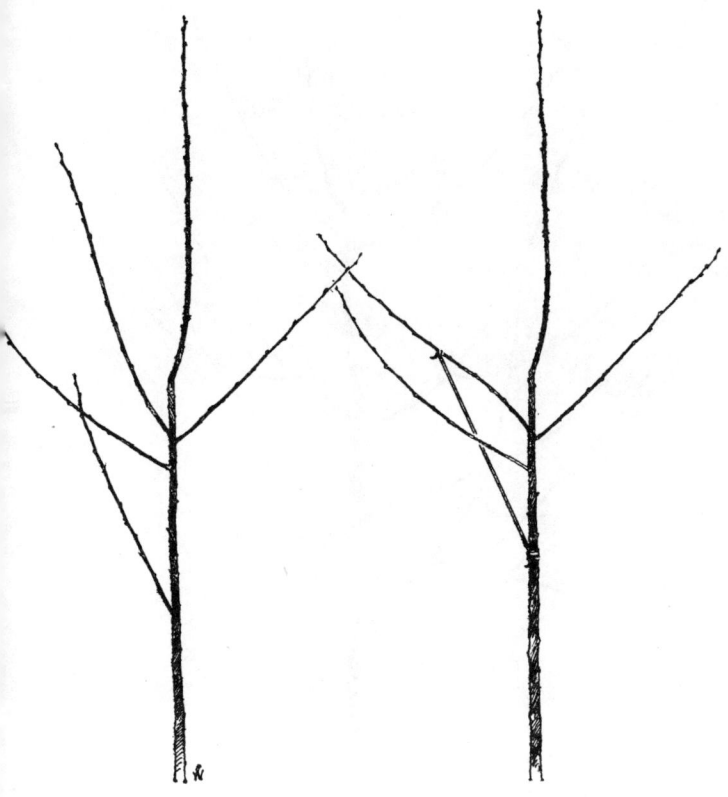

Süßkirsche nach einem Standjahr
Die Krone zeigt eine lockere Verteilung der Leittriebe.
Der steile Seitentrieb kann schräg gebunden werden.
Ein Rückschnitt der Jungtriebe unterbleibt, um eine
möglichst schräge Stellung der Seitenäste zu fördern.

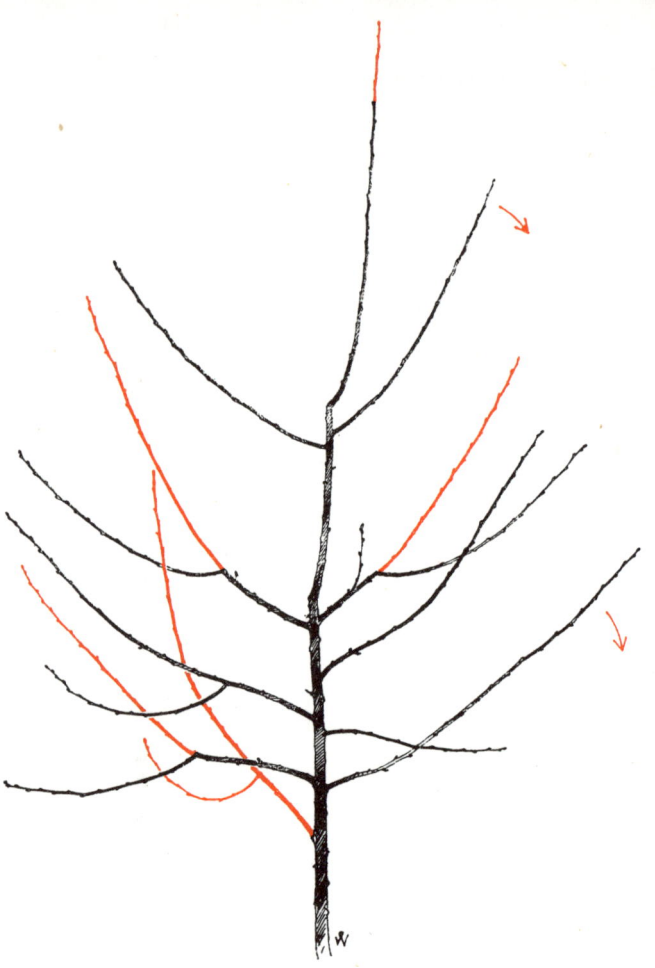

Süßkirsche nach 3 Standjahren
Die Krone hat sich weiter aufgebaut. Sie bedarf nur
eines geringen Schnitteingriffs. Durch den Verzicht auf
den Rückschnitt des Mitteltriebes fehlt die vielfach übliche Häufung steil stehender Triebe, die sich später als
dickere Äste behindern und dann leicht Gummifluß bilden.

110

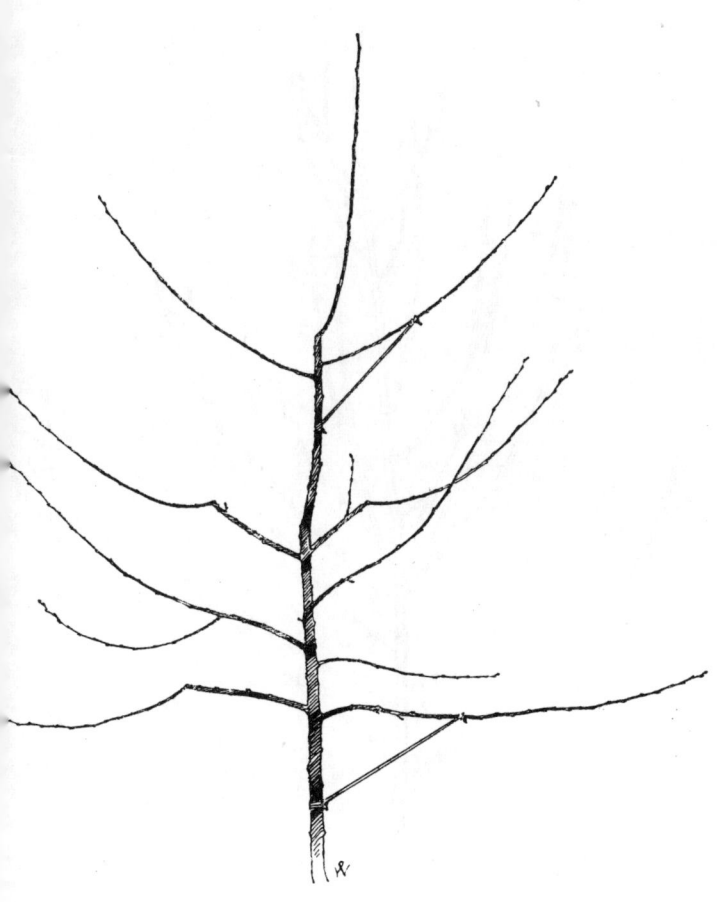

Um allgemein eine flachere Aststellung sicherzustellen, wurden zu steile Triebe auf schräge Seitentriebe abgeleitet oder im Einzelfall gebunden. Ein überlanger Leitast wurde mäßig eingekürzt.

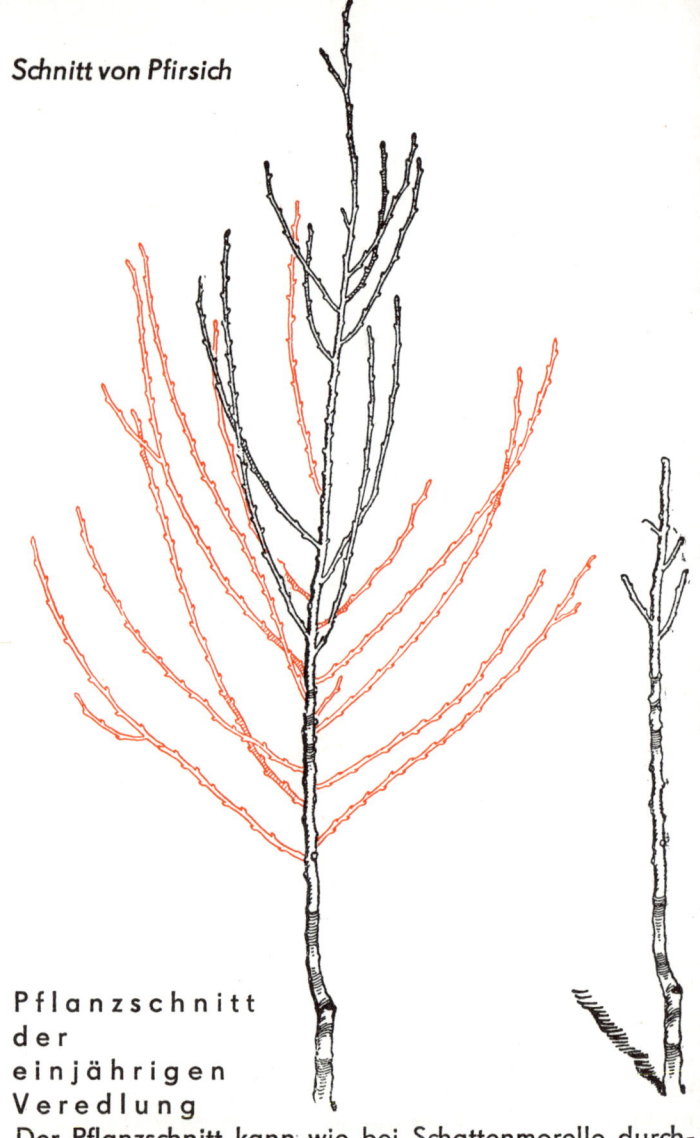

Schnitt von Pfirsich

Pflanzschnitt der einjährigen Veredlung

Der Pflanzschnitt kann wie bei Schattenmorelle durchgeführt werden (s. Seite 94). Die unten am Stamm entstandenen, zu zahlreichen vorzeitigen Triebe werden
entfernt. Man kann aber auch die Krone — wie rechts
im Bild — kurz zurückschneiden.

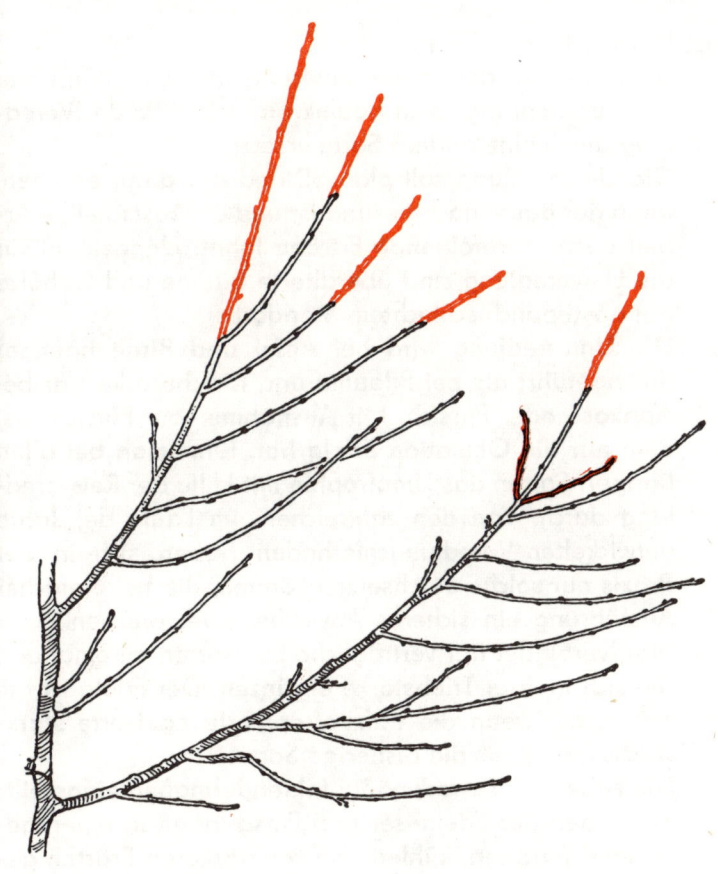

Schnitt an junger und verkahlter Krone

Zur Ertragsbeschleunigung schont man an Jungbäumen alle nicht zum Kronenaufbau benötigten Triebe, vor allem jene an der Basis der Äste.

Mit beginnender, vor allem aber stärkerer Verkahlung wird ein scharfer Fruchtholzschnitt im Vorfrühling unerläßlich.

Umveredlung

Bei dieser Art der Trieberneuerung wird ein erheblicher Teil der ursprünglichen Baumkrone mit Hilfe der Veredlung durch eine andere Sorte ersetzt.

Die Umveredlung soll planvoll und nur dann erfolgen, wenn der Baum noch gesund ist und die kostspielige Arbeit durch nachfolgende Erträge lohnt. Ungeeignet für die Umveredlung sind überalterte Bäume und Gehölze auf obstbaulich schlechtem Standort.

Die Umveredlung wird bei Apfel und Birne häufiger durchgeführt als bei Pflaume und Kirsche oder gar bei Aprikose oder Pfirsich. Mit Ausnahme vom Pfirsich, bei dem nur die Okulation Erfolg hat, führt man bei allen übrigen Sorten das Umpfropfen mit Hilfe der Reisveredlung durch. Von den zahlreichen, im Laufe der Jahre entwickelten Veredlungsmethoden haben sich in der Praxis nur solche durchsetzen können, die bei einfacher Ausführung ein sicheres Anwachsen versprechen.

Man verbindet nur verträgliche Edelsorten miteinander, die sich in ihrer Triebstärke ergänzen. Der Erfolg ist am sichersten, wenn die aufzupfropfende Edelsorte starkwüchsiger ist als die bisherige Sorte.

Die Arbeit wird zweckmäßig folgendermaßen eingeteilt: Schneiden der Edelreiser und Einschlagen in einen genügend feuchten, kühlen und vor stärkeren Frösten geschützten Platz um die Jahreswende. Abwerfen der Altkronen im Nachwinter bis Mitte März; Nachschneiden der Pfropfköpfe der Altkronen unmittelbar vor der Veredlung in der Zeit von Mitte März bis Ende Mai. (Der Zeitpunkt wird durch das Veredlungsverfahren bestimmt.) Nachbehandlung der Pfropfköpfe im Sommer der Veredlung; unbedingte mehrjährige, systematische Schnittpflege an der Alt- und Jungkrone, bis ihr Aufbau gesichert ist.

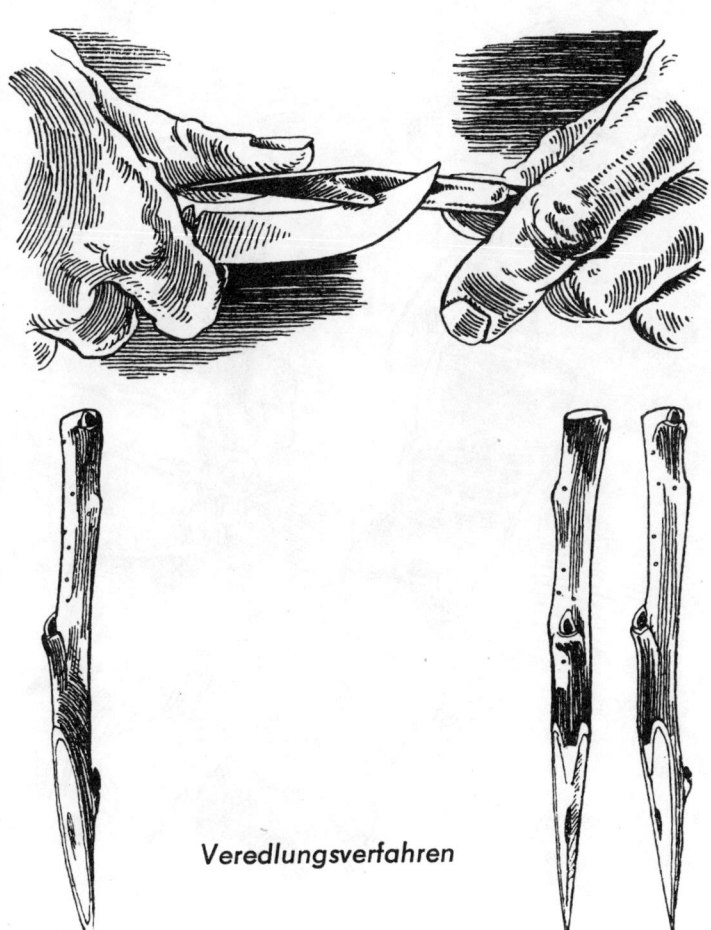

Veredlungsverfahren

Geißfußveredlung

Das Edelreis wird mit zwei schräg zueinander liegenden ziehenden Schnitten so keilförmig zugeschnitten, daß diese 3–4 cm lang sind und das Auge etwa in der Mitte gegenüber der Schnittwunde liegt. Ein Teil der Rindenzunge wird entfernt.

115

Weiter löst man mit der gleichen Veredlungshippe durch
ziehende Schnitte einen nach Breite und Länge gleich-
förmigen Keil aus der Unterlage.

Das Edelreis wird so weit in den Keilausschnitt eingeschoben, daß sich die Wundränder von Unterlage und
Reis berühren. Zur Förderung der Verheilung läßt man
die Schnittstelle des Reises etwa 3—4 mm über den
Pfropfkopf hinausragen. Das untere Edelauge im Keil
muß mindestens 5 mm unter der Oberkante des Pfropfkopfes liegen.

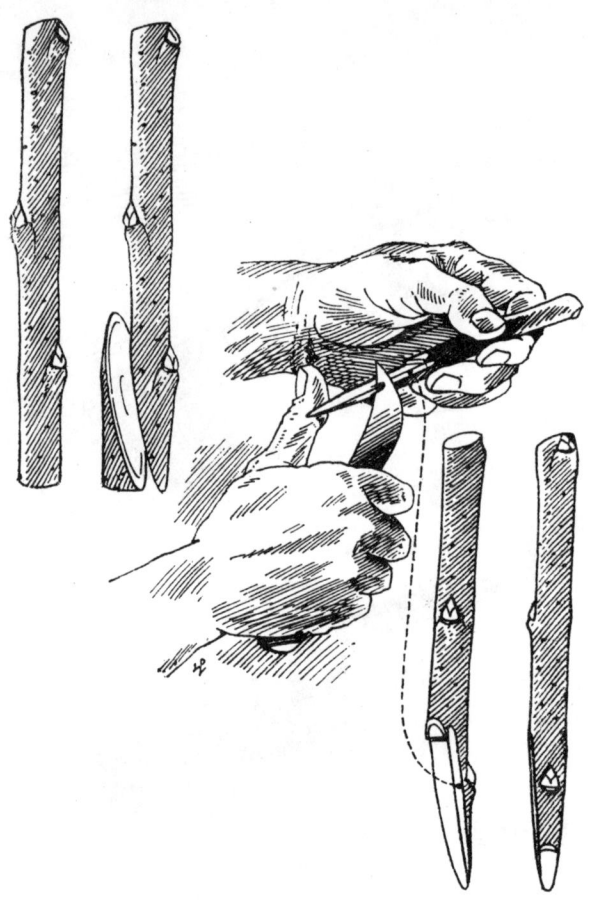

Verbessertes Pfropfen hinter die Rinde

Etwa am oberen Ende eines normalen Kopulations-
schnittes wird ein horizontaler Schnitt durchgeführt. Anschließend schneidet man mit einem ziehenden Längs-
schnitt einen Sattel aus. Zur Vergrößerung der Berüh-
rungsfläche der Wunden von Reis und Unterlage kann
man die Rinde des Reises auf beiden Seiten bis zum
Sattel und an der Spitze anschneiden.

Durch einen etwa 4 cm langen Schnitt von unten nach
oben und das Lösen der Rinde von oben nach unten
entsteht im Pfropfkopf Platz für das einzufügende
Edelreis. Es wird bis zum Sattel eingeschoben. Das untere Edelauge muß 5 mm unterhalb der Oberkante des
Pfropfkopfes liegen.

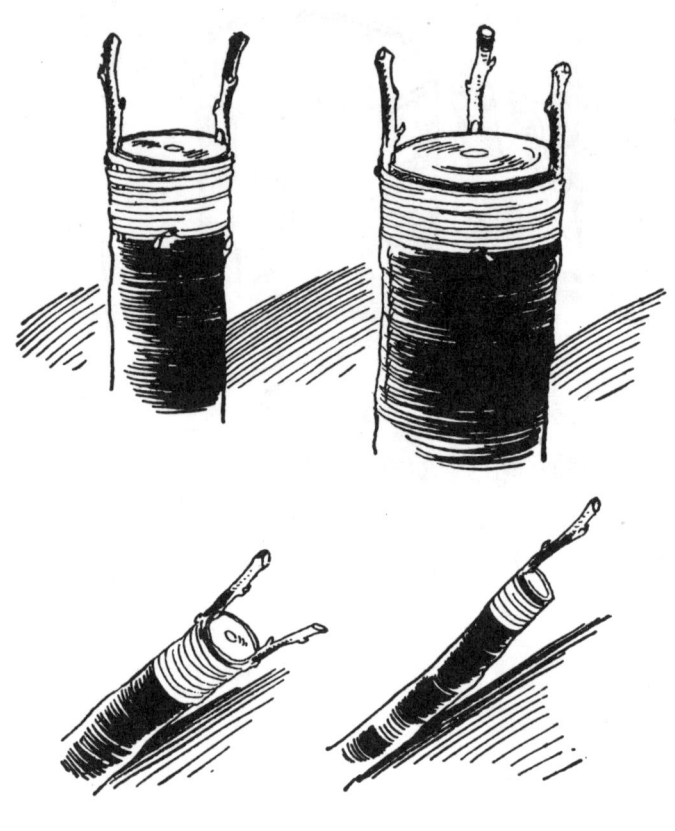

Reisstellung am Pfropfkopf

Die Stellung der Reiser am Pfropfkopf richtet sich nach der Lage des Astes und nach der erforderlichen Anzahl der Edelreiser. Bei senkrechter Aststellung kann eine beliebige, gleichmäßige Anordnung erfolgen. An einem schrägstehenden Ast werden ein Reis (bis 4 cm Kopfstärke) an der Oberkante des Pfropfkopfes, zwei Reiser (bis 6 cm Kopfstärke) oben und unten eingefügt.

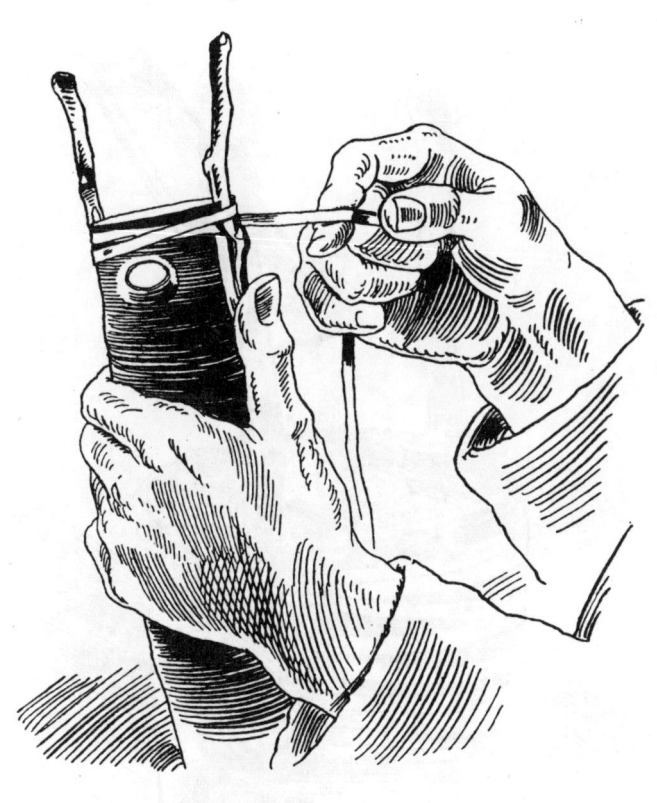

Verbinden und Verstreichen

Von oben beginnend legt man mit einem haltbaren und
genügend langen Faden einen lückigen, aber festen
Verband um den Pfropfkopf.

Um das Austrocknen der Wundfläche zu vermeiden und Luft und Nässe fernzuhalten, werden alle offenliegenden Rindenwunden an Reis u n d Unterlage sofort und sehr sorgfältig, d. h. lückenlos mit Baumwachs verstrichen.

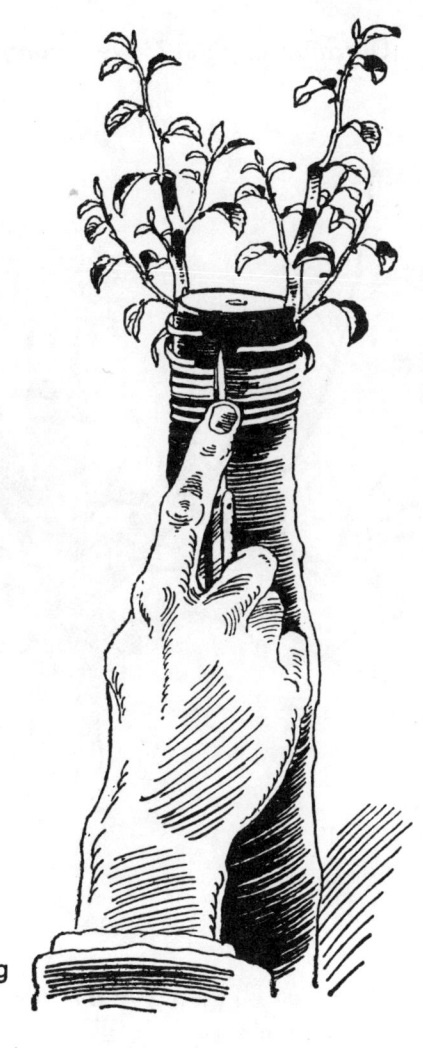

Sommernachbehandlung des Pfropfkopfes

Das Einschnüren des Bastverbandes wird durch rechtzeitiges Aufschneiden vermieden. Zur Förderung des Edeltriebes werden bald alle Unterlagenaustriebe an den oberen 30 cm des Pfropfkopfes fortgeschnitten.

Vorbereitung der umzuveredelnden Altkrone

Bis auf die erforderlichen Zugäste der Unterlagensorte werden die für den zukünftigen Kronenaufbau verwendbaren Hauptäste im flachen Winkel zurückgeschnitten.

Nachbehandlung der umveredelten Krone nach einem Entwicklungsjahr
Während der Vegetation sind die Zugäste und aufveredelten Reiser ausgetrieben. Im Sommer werden die am Pfropfkopf stehenden Zweitreiser waagerecht gebunden, um sie bald zu Fruchtholz zu entwickeln. Im Winter werden alle Zugäste der Altsorte bis zum Ansatz abgesägt, weil die kräftig ausgebildete Neukrone den Saftstrom ohne Schaden aufnehmen kann.

Jeweils ein Reis hat einen kräftigen Ast entwickelt, der als Leittriebverlängerung verwendet wird. Die waagerecht wachsenden bzw. gebundenen Äste aus den jeweils zweiten Reisern sind schwächer geblieben. An ihnen entstehen bald Fruchtknospen. Ohne das Abspreizen der jungen Leitastverlängerungen würden die Seitenäste zu steil und von vornherein zu dicht stehen.

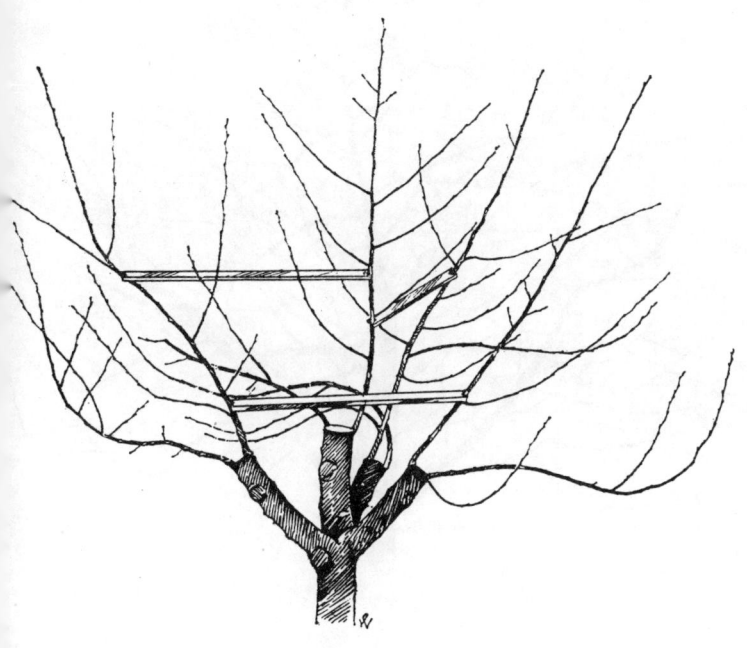

Von den zu zahlreichen vorzeitigen Trieben wurden die
starken und steil stehenden fortgeschnitten. Die Verlängerung des Mitteltriebes soll über jene der Seitenäste hinausragen. Die Seitenastverlängerungen sollen
in einer Höhe enden, deswegen wird man auf eine
Ebene (Saftwaage) zurückschneiden oder ableiten. An
den waagerechten Fruchtästen wurden einjährige Triebe
nicht eingekürzt.

Wiederaufbau einer Umveredlung nach 4 Entwicklungsjahren

Die Entwicklung einer umveredelten Krone erfolgt rascher als der übliche Aufbau einer Jungkrone. Sie besteht aus Gerüstaufbau- und Tragästen. Beim Schnitt gilt es, die Leitäste durch evtl. Ableiten genügend schräg zu stellen und an den Fruchtästen mehr waagerecht stehende Jungtriebe zu belassen.

Schnitt von Beerenobst

Der strauchartige Wuchs von *Stachel- und Johannis-beeren* entsteht dadurch, daß sich *mehrere* Sproßaugen an der Basis in gleicher Stärke entwickeln und gleichmäßig im Austrieb gefördert werden. Die Sproßerneuerung erfolgt immer wieder aus dem Wurzelstock heraus. Das Fruchtholz befindet sich vorwiegend an mehrjährigen Kurztrieben und trägt im zweiten und dritten Jahr die besten Früchte.

Die *Himbeere* bildet Einzelruten, die im zweiten Jahr Nebentriebe mit Fruchtknospen entwickeln. Diese Ruten sterben stets nach zwei Jahren ab. Sie wachsen ebenso aus Triebaugen der Wurzel wie bei der *Brombeere*. Diese sind aber mehrere Jahre lebensfähig. Sie bilden an den vorzeitigen Trieben im gleichen Jahre oder im zweiten Jahr blütentragende Kurztriebe aus.

Über *Art und Notwendigkeit des Schnittes von Beerenobst* bestehen noch keine übereinstimmenden Vorstellungen. Unerläßlich sind Pflanz- und Auslichtungsschnitt und der Fruchtholzschnitt bei Stachelbeeren dann, wenn die Spitzen der Jungtriebe von Mehltau befallen sind, und wenn Johannisbeeren auf Grund ihrer Veranlagung nicht genügend Nebentriebe als Fruchtträger entwickeln. Auch bei Himbeeren müssen die absterbenden Ruten jährlich entfernt werden.

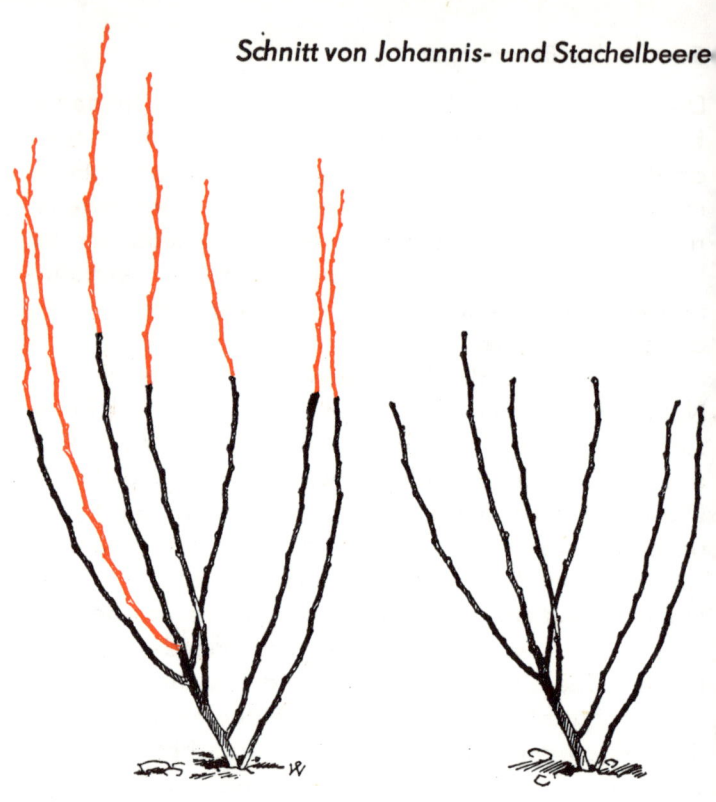

Pflanzschnitt an einem Johannisbeerbusch

Je nach Qualität haben Johannisbeersträucher 3–5, 5–8 oder 8–12 Triebe. Zum Gerüstaufbau werden aber nur etwa 6 kräftige einjährige Triebe benötigt. Zu schwache und zu eng stehende Austriebe werden beseitigt. Bei schwachen Roten Johannisbeeren erfolgt ein Rückschnitt um die Hälfte, bei stärkeren um ein Drittel auf etwa die gleiche Endhöhe. Schwarze Johannisbeeren werden vielfach nicht zurückgeschnitten.

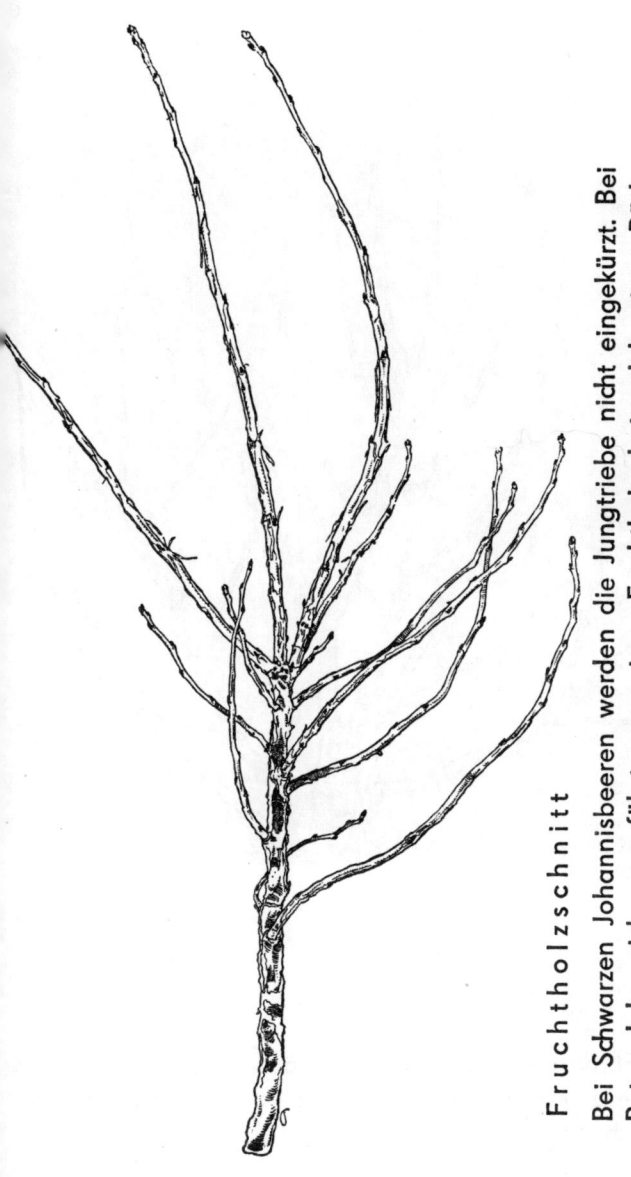

Fruchtholzschnitt

Bei Schwarzen Johannisbeeren werden die Jungtriebe nicht eingekürzt. Bei Roten Johannisbeeren führt man einen Fruchtholzschnitt, d. h. einen Rückschnitt der Triebe, nur dann aus, wenn die Nebentrieb- und damit die Fruchtholzbildung unzureichend ist.

Zur Förderung der Fruchtqualität werden Büsche und Spaliere von Johannisbeeren einem scharfen Fruchtholzschnitt unterworfen.

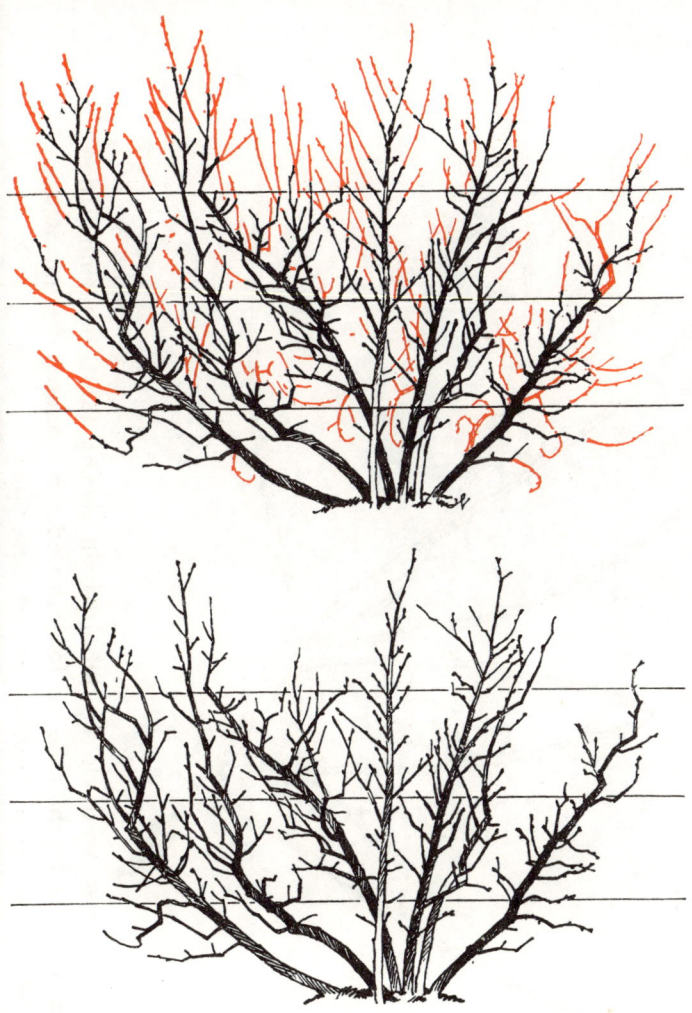

Fruchtholzschnitt eines Spaliers von Roter Johannisbeere

Er besteht aus dem Entfernen überalterter Aufbauäste, dem Ableiten auf tiefer liegende Nebentriebe und dem vereinzelten Einkürzen der Jungtriebe.

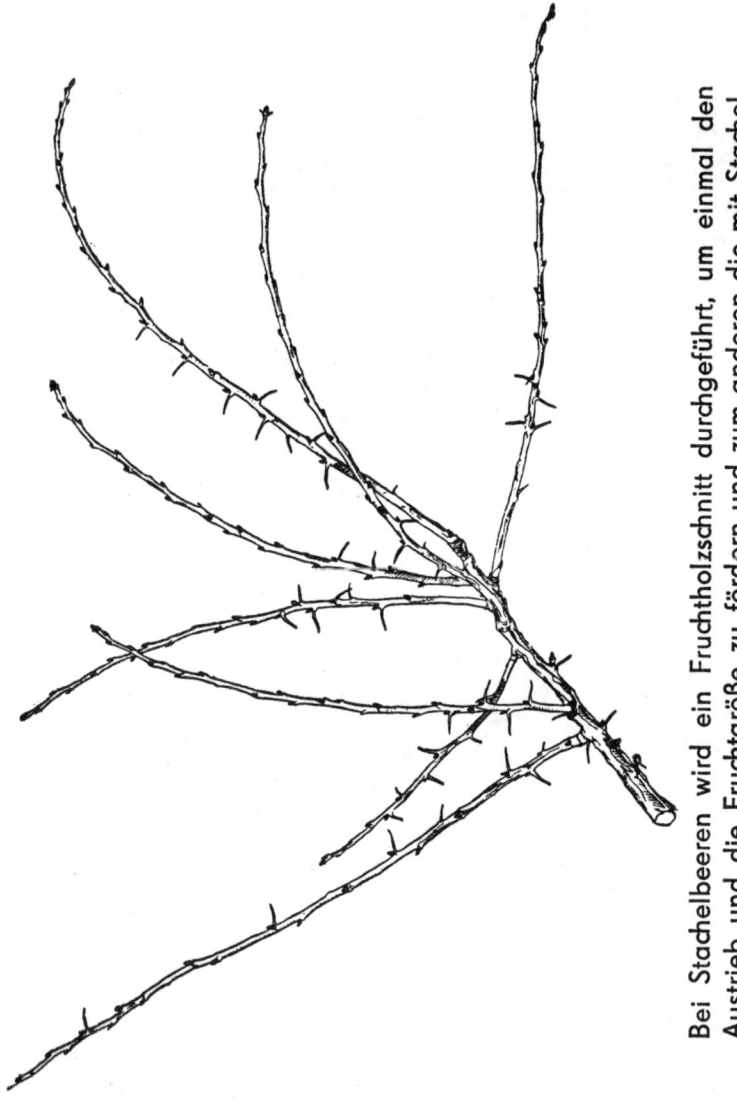

Bei Stachelbeeren wird ein Fruchtholzschnitt durchgeführt, um einmal den Austrieb und die Fruchtgröße zu fördern und zum anderen die mit Stachelbeermehltau befallenen Triebspitzen zu beseitigen.

Der gezeigte Zweig wurde im Vorjahr zurückgeschnitten und nun auf die erforderliche Triebzahl beschränkt. Man kürzt die Triebe etwa um ein Drittel der Länge ein.

Auslichtungsschnitt von Stachel- und Johannisbeersträuchern

Im allgemeinen sind Beerensträucher zu dicht. Sie haben dunkelrindigen Altwuchs, der nur wenige und kleine Früchte bringt, und vielfach zu schwache, aus dem Boden kommende Jungtriebe. Der Schnitt muß so erfolgen, daß nur etwa 6—8 Hauptäste vorhanden sind, deren Fruchtholz nicht älter als 3 Jahre ist.

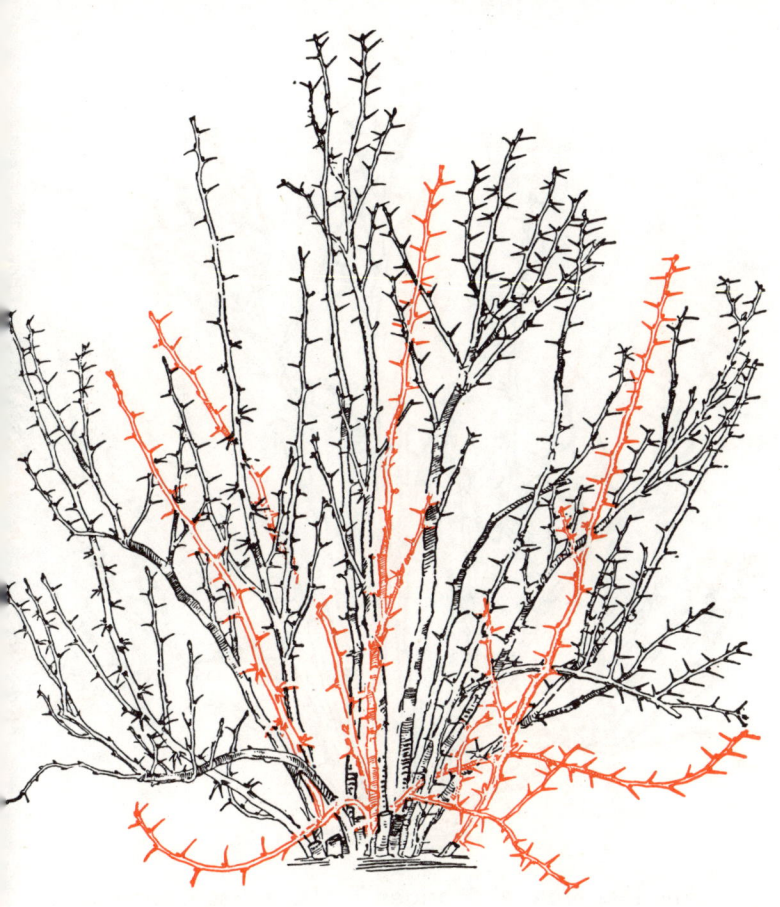

Zum Schutz vor Verletzungen durch die Dornen verwendet man zur Entfernung des alten Holzes bis in Bodennähe eine Astschere mit langem Griff. Von den hellrindigen, aus dem Wurzelstock kommenden Jungtrieben werden nur so viele kräftige belassen, wie zum Aufbau des Busches, d. h. zum Ersatz für entfernte ältere Zweige, notwendig sind.

Alle längeren, einjährigen Triebe müssen dann um ein Drittel eingekürzt werden, wenn ihre Spitzen bei Stachelbeeren von Mehltau befallen sind.

Schnitt von Himbeeren
Zur Förderung des Anwachsens und zur Anregung der Wurzelschoßbildung werden frisch gepflanzte Himbeeren an feuchten Standorten auf 50 cm Länge, in trocke-

nem Boden bis kurz über der Erdoberfläche abgeschnit-
ten. Alle zweijährigen Ruten an der Pflanze, die stets
absterben, werden unmittelbar nach der Ernte direkt
über der Erdoberfläche beseitigt. So wird die Verbrei-
tung der gefürchteten Rutenkrankheit, die auch von
diesen Trieben ausgeht, erschwert.

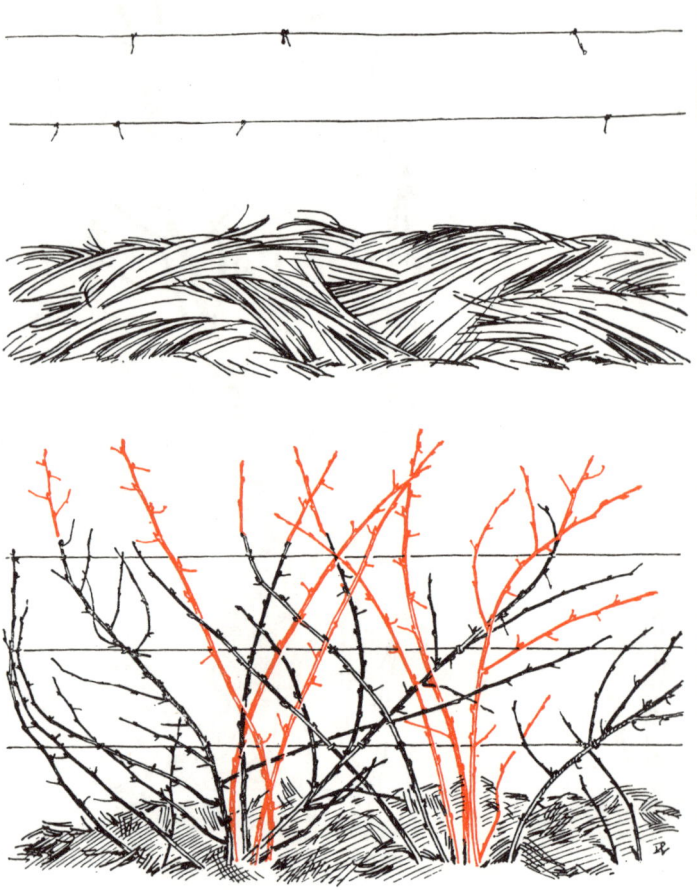

Die am Boden liegenden einjährigen Ranken sind frostempfindlich. Sie sollen im Winter geschlossen dünn mit Stroh abgedeckt werden. Im Frühjahr werden ältere Ruten beseitigt und ein neues Spalier mit den Jungtrieben an Drähten hochgebunden.

Schnitt von Weinreben

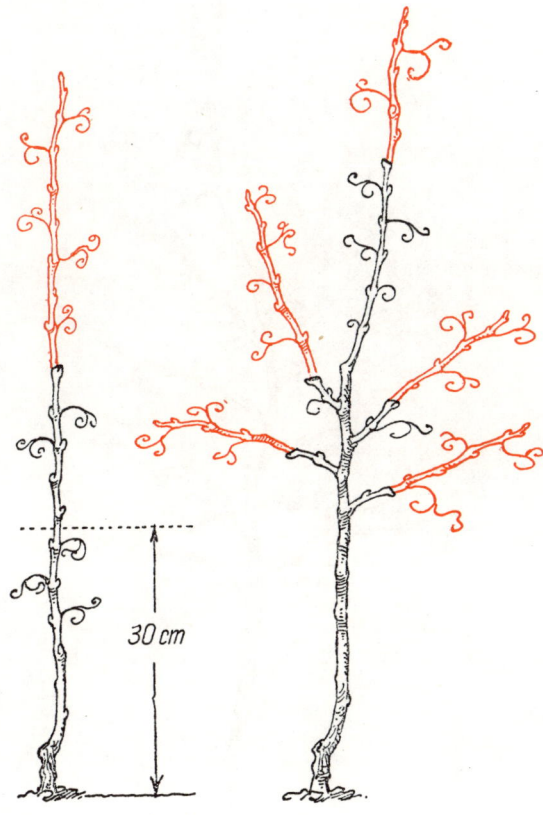

30 cm

Nach einem Standjahr wird die Rebe auf 30 cm Stamm-
länge plus 6 Augen beschränkt. Im folgenden Jahr
schneidet man die Seitentriebe auf etwa zwei, den Verlängerungstrieb auf etwa sechs Augen.

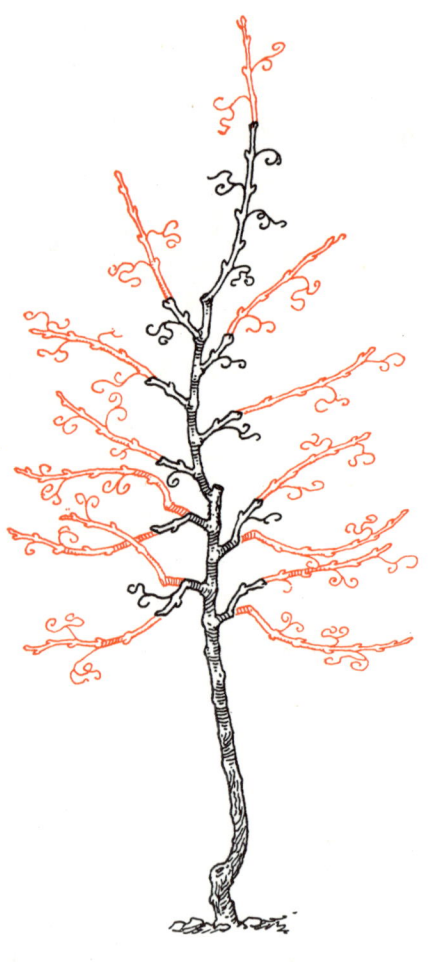

Schwachtreibende und am kurzen Holz tragende Sorten werden dem *Zapfenschnitt* im Vórfrühling unterworfen.

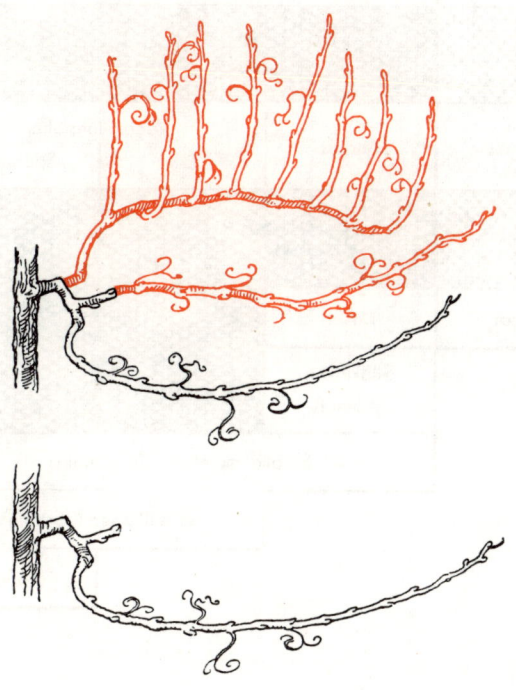

Der *Bogrebenschnitt* wird bei starktriebigen und an langem Fruchtholz tragenden Rebensorten angewandt.

Art und Zeitpunkt des Schnittes bei den verschiedenen Obstgehölzen

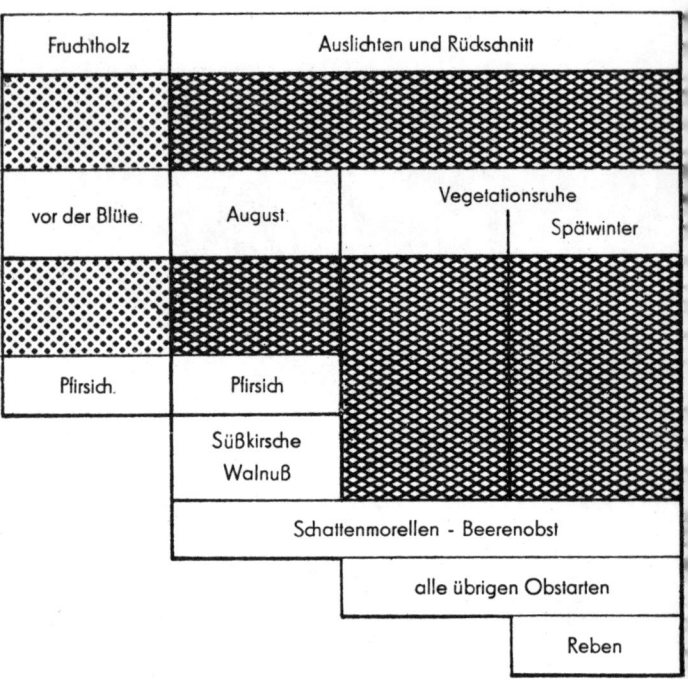

Fruchtholz	Auslichten und Rückschnitt		
vor der Blüte.	August.	Vegetationsruhe	Spätwinter
Pfirsich.	Pfirsich		
	Süßkirsche Walnuß		
	Schattenmorellen - Beerenobst		
		alle übrigen Obstarten	
			Reben

10. Auflage 1975
von „Zweckmäßige Arbeitsweise im Obstbau" Arbeitsheft 4/5
Lizenzausgabe des Verlages J. Neumann-Neudamm aus dem
© Neumann Verlag, Radebeul 1, Dr. Schmincke-Allee 19.
Alle Rechte vorbehalten
Druck: Offsetdruck Heinrich Silber, Niestetal-H.
Buchbinderische Verarbeitung: Klemme & Bleimund, Bielefeld
(ISBN 3—7888—0180—8)